改正相続法の
チェックポイント

弁護士
新 弘江 著

税務研究会出版局

はしがき

　相続法制の見直しに関する「民法及び家事事件手続法の一部を改正する法律」が平成30年7月6日に成立し，同13日に公布され，平成31年1月13日以降，段階的に施行されています。

　相続法制に関する大きな見直しは，配偶者の法定相続分の引上げがされた昭和55年以来の約40年振りのことであり，社会の高齢化等社会経済情勢の変化を踏まえ，配偶者居住権や特別の寄与の制度という新制度が設けられたほか，遺産分割制度，遺言制度，遺留分制度等の既存の制度についても大きな見直しがされています。このほか，預貯金債権についても，各共同相続人に遺産分割前の払戻を認める制度の創設や，預貯金債権の払戻等に関する遺言執行者の権限の明確化等，金融実務に影響がある見直しも多く含まれています。

　本書では，改正部分を少しでもわかりやすく解説することを目的としました。

　法制度の内容の説明が中心となりますとどうしても退屈になりがちですが，具体例や裁判所のホームページで公開されている申立書の書式等も掲載し，具体的なイメージがわくように心がけました。また，各章の末尾に，旧法からの変更点やまちがいやすい点をチェックポイントとして簡潔にまとめました。

　さらに，新法「法務局における遺言書の保管等に関する法律」は，法務局において自筆証書遺言にかかる遺言書を保管すること等を内容とするものであり，これによって，遺言書の紛失等が防止でき，自筆証書遺言の利用が促進されることが期待されています。上記法律の施行に伴い「法務局における遺言書の保管等に関する政令」が令和元年12月11日に公布されま

したが，本書は，それに関連し，法務局における遺言書の保管及び情報の管理に関し必要な事項を定めた内容についてもご紹介しました。

　最後に，本書の出版の機会を与えて下さり，本書完成に至るまで，叱咤激励して下さった税務研究会出版局の皆様には，厚く御礼を申し上げます。

令和2年4月

新　弘江

目　　次

第**3**章

遺産分割等に関する見直し

第**4**章
遺言制度に関する見直し

第 5 章

遺留分制度に関する見直し

第6章
相続の効力等に関する見直し

第7章
相続人以外の親族の貢献を考慮する方策

○参考資料

---------- 凡　　例 ----------

・括弧書きの参照条文で，特に「○○法」等の表記のない数字は民法を指す。

　改正法，改正民法…民法及び家事事件手続法の一部を改正する法律（平成30年法律第72号）による改正の施行日以後の民法

　旧法…上記改正前の民法

　＊引用する資料にあわせて「現行法」という表現を用いる場合がある。

・債権法改正法…民法の一部を改正する法律（平成29年法律第44号）

　家事法…家事事件手続法

・遺言書保管法，保管法…法務局における遺言書の保管等に関する法律

・保管令…法務局における遺言書の保管等に関する法律施行令

・手数料令…法務局における遺言書の保管等に関する法律関係手数料令

・評基通…財産評価基本通達

・法務省 HP 資料

　…法務省ホームページ

　（http://www.moj.go.jp/MINJI/minji07_00222.html）

　トップページ ＞法務省の概要 ＞ 各組織の説明 ＞ 内部部局 ＞民事局 ＞「民法及び家事事件手続法の一部を改正する法律について（相続法の改正）」中，「民法及び家事事件手続法の一部を改正する法律の概要」に掲載の各項目の PDF 資料

・部会資料…法制審議会民法（相続関係）部会資料

　＊26-1 は第26回の資料を指す。

（注）本書は原則として令和 2 年 4 月 1 日の法令等に基づいている。

　　　なお，文中意見にわたる部分は筆者の私見である。

第 1 章

相続法改正までの経過と改正法のポイント

1　相続法改正の経過

　今回の相続法制の改正においては，昭和55年に配偶者の法定相続分の引上げや寄与分制度の創設等がなされて以来，約40年振りに大幅な見直しが行われました。

　見直しのきっかけは，非嫡出子の相続分を嫡出子の相続分の2分の1としていた規定（民法900④但書前段）が法の下の平等（憲法14①）に違反する旨の最高裁大法廷決定（平成25.9.4民集67巻6号1320頁）が出たことにより，同規定を削除する改正がなされ，非嫡出子の相続分が嫡出子と同等となったことです。

　この法改正による社会的影響に対する懸念や配偶者保護の観点から，相続法制の見直しの機運が高まり，平成30年7月6日に「民法及び家事審判手続法の一部を改正する法律案」及び「法務局における遺言書の保管等に関する法律案」が衆参両議院で可決成立し，同年7月13日に公布されました。改正法は，後述 3 で述べるとおり，段階的に施行されています。令和元年12月11日には，「法務局における遺言書の保管等に関する政令」が公布されました。

2　相続法制の改正の特徴

(1)　少子高齢化に伴う配偶者保護の必要性への対応

　高齢化社会の進展に伴い，相続開始時における被相続人の配偶者の年齢が相対的に高くなり，相続人となった配偶者と子とを比較した場合には，配偶者の要保護性が高くなります。

　そこで，改正法では，遺された配偶者の生活場所と生活費の確保に重点を置いた見直しが行われました。

> → 配偶者の居住の権利（配偶者短期居住権・配偶者居住権）
> 遺産分割における配偶者保護（持戻し免除の意思表示の推定）

⑵ 遺言制度の利用促進のための見直し

　改正法では，自筆証書遺言について偽造・変造や紛失の危険を防止しつつ利用促進を図ることを狙った見直しが行われました。遺言執行者の権限を整理し，明確化したことも遺言制度の利用促進につながるものです。

> → 遺言方式の緩和，遺言の保管制度の創設
> 遺言執行者の権限の明確化

⑶ 相続人間の実質的不公平の見直し

　国民の権利意識の高まりを受けて，改正法では，相続人間において，実質的な不公平が生じている部分について，見直しが行われました。

> → 預貯金の仮払制度の創設
> 遺産の一部分割，遺産分割前の処分の場合の遺産の範囲

⑷ 遺留分制度の見直し

　改正法では，遺留分を侵害する行為の効力は否定せず，遺留分侵害額に相当する金銭の給付を請求する制度に変わり，遺留分侵害額の計算方法等が規定上も明確化される見直しが行われました。

> → 遺留分制度の見直し

(5)　相続と取引安全との調整

　改正法は，相続分の指定及び遺産分割方法の指定（「相続させる」旨の遺言）がされた場合についても，法定相続分を超える部分の財産取得について，対抗要件を具備しなければ，第三者に対抗できないものとする見直しが行われ，遺産分割や遺言の有無・内容を知り得ない第三者との利害調整を図りました。

> → | 相続により取得した権利（不動産・債権）の承継と対抗要件に関する見直し

(6)　相続人以外の親族の貢献を考慮した見直し

　相続人以外の親族が被相続人の介護等をしていた場合にその貢献を考慮する制度が新たに設けられました。

> → | 相続人以外の親族の貢献を考慮する「特別の寄与」制度の創設

3　改正法の施行日について

(1)　原　則

　令和元年（2019年）7月1日から施行

(2)　例　外

① 　自筆証書遺言の方式緩和（968）

　　平成31年（2019年）1月13日から施行（附則1②）

② 　配偶者の居住権を保護するための方策（配偶者短期居住権及び配偶者居住権）

令和 2 年（2020年） 4 月 1 日から施行（附則 1 ②）

③　改正された債権法の施行に伴い規定を整備するもの（998，1000，1025但書）

令和 2 年（2020年） 4 月 1 日から施行（附則 1 ③）

④　法務局における遺言書の保管等に関する法律の施行日

令和 2 年（2020年） 7 月10日から施行（平成30年政令317号）

4　経過措置

(1)　**原　則**

相続開始時点を基準

改正法では，施行日前に開始した相続については，改正前の法律が適用されます（旧法主義）。

施行日までに遺産分割を終了しているか否かを問わず，相続開始が施行日前であれば，旧法が適用されます。

(2)　**例　外**

①　権利の承継の対抗要件（附則 3 ）（第 6 章(1)参照）

改正法が適用されるかについては，権利承継の通知の時点を基準とします。

受益相続人による債権の承継の通知を認める特例（899の 2 ②）については，施行日前に開始した相続について遺産分割により承継が行われる場合について，適用されます。

　すなわち，施行日前に開始した相続に関しても，遺産分割による債権の承継がされ，施行日以後にその承継の通知がなされる場合については，上記特例が適用されます。

② 　夫婦間における居住用不動産の贈与等（附則4）（第3章第1節参照）
　改正法が適用されるかについては，贈与等の時点を基準とします。

　すなわち，施行日以後に行われた贈与等について，改正法の持戻し免除の意思表示の推定規定（903④）が適用されます。これに対し，相続開始が施行日以後であっても，施行日前に行われた贈与等については，改正法は適用されません。

③ 　遺産の分割前における預貯金債権の行使（附則5）（第3章第2節参照）
　改正法が適用されるかについては，預貯金の払戻の時点を基準とします。

　すなわち，相続開始が施行日より前であっても，遺産分割前の預貯金の払戻が施行日以後の場合は，改正法が適用されます（改正法主義）。

家事事件手続法に基づく保全処分としての預貯金債権の行使（家事法200③）の場合には，相続開始が施行期日前であっても，当該手続が施行日以後に行われれば，改正法が適用されます。

④　自筆証書遺言の方式緩和（附則 6）（第 4 章第 1 節参照）

　改正法（968②）が適用されるかについては，自筆証書遺言の作成日を基準とします。

　改正法は，施行日以後に作成された遺言に適用されます。

　相続開始が施行日以後であっても，施行日の前に作成された遺言には適用されません。

⑤　遺贈義務者の引渡義務等（附則 7）（第 4 章第 3 節参照）

　施行日前になされた遺贈に係る遺贈義務者の引渡義務については，改正法は適用されず，旧法の規定（1000）によります。

　施行日以後の遺贈に係る遺贈義務者の引渡義務については，改正法（998）が適用されます。

⑥　**遺言執行者の権利義務等**（附則8）（第4章第4節参照）

　遺言執行者の任務開始時の通知義務（1007②），遺言執行者の権利義務（1012）については，施行日前に開始した相続に関し，施行日以後に遺言執行者となる者にも適用されます。

　特定財産承継遺言がされた場合の遺言執行者の権限に関する改正法の規定（1014②〜④）については，施行日前になされた遺言については適用されず，旧法が適用されます。

　遺言執行者の復任権に関する改正法の規定（1016）については，施行日前になされた遺言に係る遺言執行者の復任権については適用されず，旧法が適用されます。

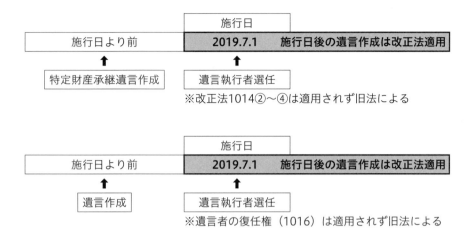

⑦ 配偶者の居住の権利（附則10）（第2章第1節参照）

　改正法が適用されるかは，遺贈及び相続開始の時点を基準とします。

　すなわち，配偶者の居住の権利に関する規定（1028〜1041）については，施行日以後に開始した相続について適用されます。施行日前に開始した相続については，配偶者の居住の権利に関する規定が施行されていないため，改正法の規律を適用すべきではありません。

　また，施行日前にされた遺贈についても，遺贈の時点で存在していない配偶者の居住の権利に関する改正法の規定は適用されません。

※施行日前は配偶者の居住の権利に関する規定（1028〜1041）は適用されない

第 2 章

配偶者の居住権を保護する制度の創設

第1節　配偶者短期居住権

　改正法では，配偶者が，相続開始時点において，被相続人の財産に属する建物に無償で居住していた場合に，財産の最終的な帰属が決まるまでの一定の短期間，その居住していた建物を無償で使用できる権利（配偶者短期居住権）が創設されました。

施行日　令和2年（2020年）4月1日

経過規定　施行日以後に開始した相続に適用されます。

※施行日前は配偶者の居住の権利に関する規定（1028〜1041）は適用されない

1　改正の背景

⑴　遺された配偶者の居住権保護の必要性

　配偶者の一方が死亡した場合に，他方の配偶者は，それまで居住してきた建物に引き続き居住したいと思うのが通常です。特に遺された配偶者が高齢の場合，住み慣れた建物を離れて新たな生活を開始することは精神的にも肉体的にも大きな負担になると考えられます。また，相続開始時点に，配偶者が高齢のため自ら生活の糧を得ることが困難な場合が多いでしょう。

　そこで，配偶者の居住権を保護しつつ，将来の生活のために一定の財産を確保させる必要性が高まっていることが，相続法改正の検討の当初から課題の一つとして指摘されていました（部会資料第1回p1）。

⑵　「遺産分割までの間使用貸借を推認する」判例法理による救済

　現行法の下において，遺された配偶者の居住権を保護する方策として
は，「遺産分割までの間使用貸借を推認する」とする判例法理が参考とさ
れていました。

　この最高裁判決は，配偶者ではなく，共同相続人の一人に関する居住権
保護が問題となった事案です。判決は「共同相続人の一人が相続開始前か
ら被相続人の許諾を得て遺産である建物において被相続人と同居していた
ときは，特段の事情のない限り，被相続人と右同居の相続人との間におい
て，被相続人が死亡し相続が開始した後も，遺産分割により右建物の所有
関係が最終的に確定するまでの間は，引き続き右同居の相続人にこれを無
償で使用させる旨の合意があったもの推認されるのであって，被相続人が
死亡した場合は，このときから少なくとも遺産分割終了までの間は，被相
続人の地位を承継した他の相続人等が貸主となり，右同居の相続人を借主
とする右建物の使用貸借契約関係が存続することになるものというべきで
ある。」と述べています（最判平成8.12.17民集50巻10号2778頁）。

　この判決は使用貸借を推認する理由として，「建物が右同居の相続人の
居住の場であり，同人の居住が被相続人の許諾に基づくものであったこと
からすると，遺産分割までは同居の相続人に建物全部の使用権原を与えて
相続開始前と同一の態様における無償による使用を認めることが，被相続
人及び同居の相続人の通常の意思に合致するといえるから」としていま
す。

⑶　判例法理の限界

　しかし，判例法理による保護は，使用貸借が推認されない次の場合には
限界がありました。

　①　被相続人が相続人の居住を許諾しない等反対の意思を表示していた

　場合

②　居住建物が第三者に遺贈・贈与された場合

2 改正法のポイント

(1)　配偶者短期居住権とは

　配偶者短期居住権とは，前述 1(2)の判例法理による居住権保護が及ばない場合であっても，配偶者が，相続開始時に，被相続人が所有する建物に無償で住んでいた場合には，被相続人の意思にかかわらず，被相続人の配偶者が相続開始後，遺産の帰属先が最終的に確定するまでの短期間，被相続人の配偶者が住み慣れた住居からの退去を迫られないように，無償でその建物に住むことができる権利です。

　配偶者短期居住権の性質は，使用借権類似の法定の債権であるとされています。

　配偶者は配偶者短期居住権により存続期間中建物を使用することができますが，このような配偶者短期居住権により得た利益について，不当利得返還義務を負いません。

　配偶短期居住権は，配偶者と居住建物の取得者との間に成立する権利です。そして，その存続期間も居住建物の最終的な帰属が決まるまでの短期間に限られることから，第三者に対する対抗力はありません。したがって，居住建物を取得した者が居住建物を第三者に譲渡した場合には，配偶者は，第三者に対し，配偶者短期居住権を主張することはできません。

　配偶者短期居住権は，配偶者に対する生前贈与や遺産分割とは扱われません。配偶者の具体的な相続分や遺産分割における取得分には影響を与えませんし，遺留分侵害額の請求の対象となることもありません。

〈参考〉配偶者の居住権を短期的に保護するための方策（配偶者短期居住権）

配偶者の居住権を短期的に保護するための方策
（配偶者短期居住権）

1．見直しのポイント

配偶者は，相続開始時に被相続人の建物（居住建物）に無償で住んでいた場合には，以下の期間，居住建物を無償で使用する権利（**配偶者短期居住権**）を取得する。

① 　配偶者が居住建物の遺産分割に関与するときは，<u>居住建物の帰属が確定する日までの間</u>（ただし，<u>最低 6 か月間は保障</u>）
② 　居住建物が第三者に遺贈された場合や，配偶者が相続放棄をした場合には居住建物の所有者から<u>消滅請求を受けてから 6 か月</u>

2．改正前の制度

最判平成 8 年 12 月 17 日の判例法理

配偶者が，相続開始時に被相続人の建物に居住していた場合には，原則として，被相続人と相続人との間で使用貸借契約が成立していたと推認する。

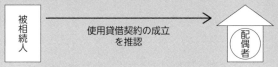

判例法理では，配偶者の保護に欠ける場合がある。

・第三者に居住建物が遺贈されてしまった場合
・被相続人が反対の意思を表示した場合
　→ 使用貸借が推認されず，居住が保護されない。

3．改正法のメリット

被相続人の建物に居住していた場合には被相続人の意思にかかわらず保護

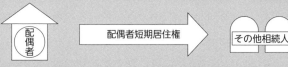

被相続人が居住建物を遺贈した場合や，反対の意思を表示した場合であっても，配偶者の居住を保護することができる。

他に，常に最低 6 か月間は配偶者の居住が保護されるというメリットもある。

（法務省 HP 資料を基に作成）

(2)　配偶者短期居住権の類型と存続期間

　配偶者短期居住権には，以下の2つの類型があります（1037①）。

①　居住建物について配偶者を含む共同相続人間で遺産分割をすべき場合
（1037①一）

　これは，配偶者が居住建物に持分を有する場合です。

　居住建物の最終的な帰属が確定するまでは，居住建物の明渡しを求められません。具体的には，以下の期間，配偶者は，居住建物を無償で使用する権利を有します。

　ⅰ）遺産の分割により居住建物の帰属が確定した日 ─┐
　ⅱ）相続開始の日から6か月を経過した日 ─────┴ ⅰ），ⅱ）の
　　　　　　　　　　　　　　　　　　　　　　　　　　いずれか遅い
　　　　　　　　　　　　　　　　　　　　　　　　　　日までの期間

　つまり，配偶者は，遺産分割がされて居住建物の帰属が確定した場合であっても，相続開始日から6か月を経過するまでは，居住建物の無償使用が認められることになります。

②　居住建物について配偶者が遺産分割の当事者とならない場合（1037①二）

　これは，配偶者が居住建物に持分がない場合です。

　例えば，居住建物が遺贈，死因贈与，特定財産承継遺言あるいは配偶者の相続放棄により配偶者以外の者に帰属した場合が挙げられます。

　居住建物の所有権を相続，遺贈又は死因贈与により取得した者は，いつでも，配偶者短期居住権の消滅の申入をすることができます（1037③）。

　配偶者は，居住建物の所有権を取得した者が配偶者短期居住権の消滅を申し入れた日から6か月を経過する日までの間は，その居住建物を無償で使用する権利を有します。

　つまり，配偶者短期居住権消滅の申入日から6か月が経過するまでは，配偶者には，居住建物の無償使用が認められます。

(3)　配偶者短期居住権の成立要件

配偶者短期居住権の成立には次の 2 つの要件が必要です。

①　被相続人の配偶者であること

②　①の配偶者が相続開始時に，被相続人の所有する建物に無償で居住していたこと

以下それぞれについて詳しく見ていきます。

①　配偶者短期居住権の主体；被相続人の配偶者

ア　主体は法律上の配偶者

配偶者短期居住権の主体は，法律上の配偶者に限られます。

内縁のパートナーや同居人，同居の相続人は，配偶者居住権の主体となることはできません。

判例では，従来，内縁の配偶者の居住権を認定することなく，相続人の家屋明渡請求が権利濫用に当たり許されないとする判決（最判昭和39.10.13民集18巻 8 号1578頁），内縁の夫婦間の使用貸借の合意が成立していたことを推認する判決（最判平成10.2.26民集52巻 1 号255頁）等がありますが，事案毎に，同居期間，生存配偶者の居住の必要性，相続人の家屋明渡請求の必要性等諸事情を総合的に判断しています。

なお，配偶者以外の相続人の居住権の保護については，前述の「使用貸借を推認する」判例法理の枠組みで処理することになると考えられます。

イ　配偶者であっても配偶者短期居住権を取得できない場合

ⅰ）当該居住建物について配偶者居住権を取得した場合

ⅱ）相続欠格事由に該当する場合

ⅲ）廃除されて相続権を失った場合

ⅳ）相続放棄をした場合（ただし，前述(2)②の類型の配偶者短期居住権は認められる。）

　　　ⅴ）遺言により相続分を0と指定された場合

　　　ⅵ）遺言により当該居住建物について相続させないものとされた場合

②　相続開始時に，被相続人が所有する建物に無償で居住していたこと

　ア　居住建物が被相続人の所有する建物であること

　　配偶者短期居住権が成立するのは，被相続人が居住建物の所有権（共有持分を含む）を有していた場合です。居住建物が共有の場合でも，配偶者は他の共同相続人との関係では無償で居住建物を使用することができます。居住建物が共有の場合，配偶者は，他の共有者との関係では被相続人の共有持分に応じて居住建物を使用することができ，被相続人が他の共有者との関係で居住建物について維持管理費等の対価を支払っていたときは，配偶者が通常の必要費としてその費用を負担することになります（1041，1034①）。

　イ　居住建物が被相続人の賃借建物の場合は成立しない

　　居住建物が被相続人の賃借建物の場合は，被相続人死亡により，配偶者は，賃借権を共同相続しますが，配偶者に2分の1の法定相続分があるため，他の相続人が配偶者の承諾を得ずに賃貸借契約を解除することはできません。また，配偶者を含む共同相続人は賃借権の相続により賃料の支払義務も承継しますので，配偶者が他の共同相続人の分も含め賃料の支払を継続している限り，居住建物に居住することができます。したがって，他の共同相続人に賃料を負担させてまで，配偶者に無償の居住を認める必要性が乏しいとされており，居住建物が被相続人の賃借建物の場合には，配偶者短期居住権は成立しません。

　ウ　配偶者が居住建物に無償で居住していること

　　まず，配偶者が居住建物を無償で使用していることが必要です。

　　これに対し，配偶者が相続開始前から居住建物について有償で使用していた場合は，被相続人と配偶者との間に賃貸借等の契約関係が存在す

る場合が多く，その部分については，相続開始後も従前の契約関係が継続するため，配偶者短期居住権による保護の対象とする必要はないとされています（部会資料22－2p1）。

エ　配偶者が居住建物を生活の本拠としていること

次に，配偶者が，相続開始時点において，居住建物を生活の本拠として，居住していることが必要です。被相続人と配偶者との同居は要件としていません。「居住」とは，生活の本拠として現に居住の用に供していることを意味します。すなわち，配偶者が入院やリハビリ等のため一時的に居住建物を離れ別の場所で生活をしていたとしても，再度，居住建物に戻って生活することが予定されていると認められる場合には，「居住している」といえます。

さらに，配偶者は，居住建物の全部を生活の本拠として使用する必要はなく，居住建物の一部を居住のために使用していれば，配偶者短期居住権は成立します。その場合，配偶者短期居住権が成立する範囲は，居住のためにのみ利用していた部分に限られず，配偶者が無償で使用していた部分にまで及びます（配偶者短期居住権が成立する具体的な範囲は，後述(4)①を参照）。

(4)　配偶者短期居住権の効果

①　配偶者短期居住権の成立範囲

前述(3)②エで述べたように，配偶者は，居住建物の全部を生活の本拠として使用する必要はなく，居住建物の一部を居住のために使用していれば，配偶者短期居住権は成立し，その成立範囲は，居住のためにのみ利用していた部分に限られず，配偶者が無償で使用していた部分にまで及びます。例えば，配偶者が建物全体を店舗兼住宅として無償で使用している場合（居住用建物の居住用スペースの一部に小売店舗があるような形態の場

合）には，当該建物全体について配偶者短期居住権が成立します。

　これに対して，配偶者が，一部を居住建物として無償で使用し，他の部分を店舗や住居として第三者に賃貸する等して収益を得ている場合は，無償で使用していた部分についてのみ，配偶者短期居住権が成立します。他方，店舗や住居として第三者に賃貸し収益を得ていた部分については，従前の賃貸借等の契約関係を配偶者が引き継ぎ，有償で使用することになることから，その部分には，配偶者短期居住権は成立しません。

② 　居住建物を使用する権利

　配偶者短期居住権は，配偶者に居住建物を無償で使用する権利のみが認められ（1037①），居住建物を収益する権利は認められていません。前述①で述べたように，配偶者が居住建物を賃貸する等により収益を得ていた場合には，居住建物のうちその収益を得ていた部分については，配偶者居住権は成立しません。

　なお，居住建物取得者は，配偶者が居住建物を無償で使用することを妨げてはならない義務は負いますが（1037②），居住建物を使用に適した状態に維持・管理・修繕する義務は負いません。

③ 　用法遵守義務・善管注意義務

　配偶者は，従前（相続開始前）の用法に従って，善良な管理者の注意をもって，居住建物を使用する義務を負います（1038①）。配偶者短期居住権が使用借権類似の性格を持つことから，使用貸借に準じて考えられています。

　この場合，居住建物が従前は店舗兼住宅であった場合は，配偶者は店舗兼住宅として使用する義務を負いますが，配偶者短期居住権の趣旨が配偶者の居住権確保にあることからすれば，店舗等住居として使用していなかった部分について，事後的に居住の用に供することは許容されています。これに対し，従前は居住用住宅としてのみ使用していた建物につい

て，事後的に営業用に供することは，用法義務違反となると考えられます。

④　居住建物を第三者に使用させる場合

配偶者が居住建物を第三者に使用させる場合には，居住建物取得者の承諾を得る必要があります（1038②）。この場合の使用もあくまで無償の使用に限られます。

なお，配偶者を介護するために，配偶者がその親族を呼び寄せて同居している場合は，その親族は配偶者の占有補助者と解釈することができ，適法とされています。

⑤　配偶者短期居住権の譲渡禁止

配偶者短期居住権は，居住建物取得者の承諾を得たとしても，第三者に譲渡することはできません。この点は，配偶者の居住権を認めた趣旨に反するためであり，配偶者居住権の規定（1032②）が，配偶者短期居住権に準用されています（1041）。

⑥　居住建物使用に必要な修繕等

配偶者は，居住建物の使用に必要な修繕をすることができます（1041，1033①）。

配偶者が相当期間内に修繕をしない場合には，居住建物の所有者はその修繕をすることができます（1041，1033②）。

配偶者が自ら居住建物の修繕をする場合を除き，居住建物の修繕を要するとき，又は居住建物について権利を主張する者がある場合には，配偶者は遅滞なく，その旨の通知をしなければなりません。ただし，居住建物の所有者が既にこれを知っている場合には，通知は不要とされています（1033③）。

⑦　必要費・有益費の支出

配偶者は，居住建物の通常の必要費を負担します（1041，1034①）。

　通常の必要費の例としては，通常の修繕費等が挙げられます。

　配偶者が居住建物について，特別の必要費や有益費を支出したときは，居住建物の所有者は，その相続分に応じて償還をする義務を負います。ただし，有益費については，裁判所は，居住建物の所有者の請求により，その償還について相当の期限を許与することができます（1041，1034②，583②）。

⑨　損害賠償請求権，有益費償還請求権の行使期間

　配偶者の用法遵守義務違反・善管注意義務違反による建物使用により生じた損害の賠償，及び居住建物の費用償還請求権については，居住建物の所有者が，居住建物の返還を受けたときから1年以内に請求しなければなりません（1041，600①）。

(5)　**配偶者短期居住権の消滅**

①　**配偶者短期居住権の存続期間の満了**

　存続期間（1037①）は，(2)①②を参照して下さい。

②　**居住建物の用法遵守義務・善管注意義務違反の場合**

　配偶者が居住建物の用法遵守義務違反や善管注意義務違反の使用をした場合には，居住建物の所有者は，無催告で，配偶者に対する意思表示により，配偶者短期居住権を消滅させることができます（1038③）。

③　**配偶者が配偶者居住権を取得した場合**

　配偶者が居住建物に係る配偶者居住権を取得した場合には，配偶者短期居住権は消滅します（1039）。

④　**居住建物の全部滅失**

　居住建物が全部滅失した場合は，配偶者短期居住権は消滅します（1041，616の2）。

⑤　配偶者の死亡

　配偶者短期居住権の存続期間満了前に配偶者が死亡した場合，配偶者居住権は消滅し，配偶者短期居住権の消滅により生ずる義務は，配偶者の相続人が負うことになります（1041，597③）。

(6)　配偶者短期居住権が消滅した後の権利義務

①　居住建物の返還義務

　配偶者は，配偶者短期居住権が消滅したときは，居住建物の返還をしなければなりません（1040①）。

　ただし，配偶者が配偶者居住権を取得した場合（1040①本文）や，配偶者が居住建物について共有持分を有する場合（1040①但書）には，配偶者短期居住権が消滅した場合でも，配偶者は居住建物の返還義務を負いません。

②　居住建物からの付属物収去義務

　配偶者は，相続開始後に居住建物に付属させた物を収去する義務を負いますが，居住建物から分離不可能な物や分離に過分の費用を要する物については，この限りではありません（1040②，599①②）。

③　居住建物の原状回復義務

　配偶者は，相続開始後に居住建物に生じた損傷（通常の使用によって生じた居住建物の損耗及び経年劣化を除く）について，相続開始時点の原状に回復する義務を負います。

　ただし，その損傷が配偶者の責めに帰すべからざる事由によるものである場合はその限りではありません（1040，621）。

☑ チェックポイント

1．相続開始後，財産の最終的帰属が決まるまでの短期間，配偶者が無償で居住建物を使用できる暫定的な権利です。

2．相続開始の日から，最低6か月間は，配偶者が居住建物を無償で使用することができます。

3．居住建物の所有者には主張できますが，居住建物を取得した第三者には対抗できません。

4．用法が居住の用に限定され，営業用の使用は認められません。

5．居住建物取得者の承諾を条件に第三者に無償で使用させることはできますが，第三者への賃貸・譲渡は禁止されています。

6．権利消滅後は，居住建物の返還，原状回復義務，付属物収去義務を負います。

第2節　配偶者居住権

　改正法では，社会の高齢化に対応し，配偶者の居住権を長期的に保護するための方策として，配偶者の居住建物を対象として，終身又は一定期間，配偶者にその使用を認める法定の権利を創設し，遺産分割等における選択肢の一つとして，配偶者に配偶者居住権を取得させることができるようにしました。

施行日　令和2年（2020年）4月1日

経過規定　施行日以後に開始した相続に適用されます。ただし，施行日前になされた遺贈については，相続開始が施行日後であっても適用されません。

※施行日前は配偶者の居住の権利に関する規定（1028〜1041）は適用されない

1　改正の背景

⑴　遺された配偶者の居住権確保の必要性

　第1節 ①⑴で述べた通り，高齢化社会の進展により，相続開始時点における被相続人の配偶者が高齢になり，住み慣れた居住建物での生活を確保する必要性が高くなっています。

⑵　高額な代償金負担や生活資金が十分に確保されないおそれ

　被相続人の死後，被相続人の配偶者がそのまま居住建物に住み続けよう
とする場合，改正前の法制度でも，遺産分割により居住用建物を取得した
り，居住建物を取得した相続人との間で使用貸借又は賃貸借契約を締結す
る方法があります。

　ところが，被相続人の配偶者が遺産分割により取得する場合，居住用建
物の評価額が配偶者の相続分を上回る場合には，居住用建物を取得しよう
とする配偶者は，居住用建物の評価額から自分の相続分を超える金額を代
償金として他の相続人に支払わなければ，居住建物を取得できません。ま
た，居住用建物の評価額と配偶者の相続分がほぼ同じ場合には，配偶者は
居住用建物を取得できても，預貯金など生活資金となる財産を十分に確保
することができないおそれがあります。

　居住建物を取得した相続人から被相続人の配偶者が居住建物を借りる場
合，その相続人との間で使用貸借や賃貸借の合意ができなければ，被相続
人の配偶者は居住建物に住み続けることができませんでした。

2　改正法のポイント

(1)　配偶者居住権の内容

①　配偶者居住権とは

　改正法は，被相続人死亡後の配偶者の居住を確保するため，配偶者居住権を創設しました。

　すなわち，配偶者居住権とは，被相続人の配偶者が相続開始時に被相続人が所有する建物に居住していた場合において，その建物全部について，配偶者の終身又は一定期間（1030），配偶者が使用及び収益をすることができる権利です（1028①）。

　配偶者居住権は，賃借権類似の法定の債権であり，配偶者と居住建物の所有者との間に成立する権利です。

　配偶者が終身その建物に住み続けられればよいというような場合には，この配偶者居住権を取得するという形で柔軟な遺産分割や遺贈等が可能になるほか，居住建物の配偶者居住権の財産的評価は居住建物と敷地の所有権の評価よりも低くなることが通常であると考えられるため，さらに配偶者が預貯金などの財産を取得し老後の生活資金にすることもできます。

②　居住建物の無償での使用及び収益が可能

　生存配偶者は，配偶者居住権が存続する限り，居住建物全体を使用収益することができ，建物所有者に対して，居住建物の賃料相当額を支払う義務はありません。

　配偶者居住権は，所有権のように，第三者に譲渡することはできませんが（1032②），配偶者は，居住建物について自ら収益使用するほか，建物所有者の承諾を得た上で，居住建物を第三者に使用収益させその対価を受け取ることが認められています（1032③）。

③ 配偶者居住権の対抗要件は登記

配偶者が，居住所有建物の譲受人や差押権者等の第三者に対して，配偶者居住権を対抗するためには，配偶者居住権設定の登記をしなければなりません。

改正法は，居住建物の所有者に対し配偶者居住権の設定の登記を備えさせる義務を負わせており（1031①），配偶者居住権を実効的な権利として保護しています。

④ 配偶者居住権の財産的評価と遺産分割等への影響

生存配偶者が遺産分割により配偶者居住権を取得した場合，遺産分割により取得した財産として評価されます。

生存配偶者が配偶者居住権の遺贈や死因贈与を受けた場合には，遺産分割手続において具体的な相続分を計算する際に配偶者居住権の財産的価値分を控除されることになります。

ただし，婚姻期間20年以上を経過した後になされた配偶者居住権の遺贈も持ち戻し免除の意思表示の推定既定（903④）の対象となり，遺産分割における配偶者の具体的な相続分から配偶者居住権の取得額を控除する必要はありません。

遺留分侵害額の請求の対象となることもありえます。相続税の対象ともなりえます。

以上の点は，配偶者居住権の具体的な財産的評価額により大きく影響を受けるところです。

〈参考〉配偶者の居住権を長期的に保護するための方策（配偶者居住権）

配偶者の居住権を長期的に保護するための方策（配偶者居住権）

1．見直しのポイント

配偶者が相続開始時に居住していた被相続人所有の建物を対象として，**終身又は一定期間，配偶者に建物の使用を認めることを内容とする法定の権利**（配偶者居住権）を新設する。

① **遺産分割における選択肢の一つとして**
② **被相続人の遺言**等によって
配偶者に配偶者居住権を取得させることができるようにする。

2．改正前の制度

配偶者が居住建物を取得する場合には，他の財産を受け取れなくなってしまう。

例：相続人が妻及び子，遺産が自宅（2,000万円）及び預貯金（3,000万円）だった場合
妻と子の相続分＝ 1：1　（妻2,500万円　子2,500万円）

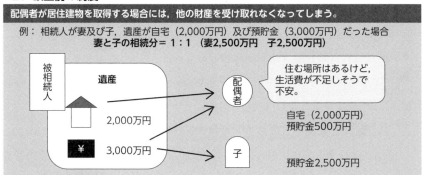

3．改正法のメリット

配偶者は自宅での居住を継続しながらその他の財産も取得できるようになる。

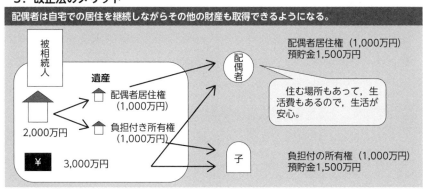

（法務省 HP 資料を基に作成）

(2)　配偶者居住権の成立要件

　①　配偶者が相続開始時に被相続人所有の建物に居住していたこと

　②　その建物について，配偶者に配偶者居住権を取得させる旨の遺産分割，遺贈又は死因贈与がされたこと

配偶者居住権の成立要件（1028①）について，以下，みていきます。

①　配偶者が相続開始時に被相続人所有の建物に居住していたこと

ア　法律婚による配偶者に限定

　配偶者居住権の主体は，法律婚による配偶者であり，内縁の配偶者は含まれません。

イ　居住建物は被相続人所有の建物であること

　配偶者居住権の目的となる居住建物は，相続開始時点において，被相続人の財産に属していた建物であることが必要です。

ウ　被相続人と配偶者との共有の場合は成立する

　被相続人と配偶者が建物を共有している場合や，相続により配偶者が建物の共有持分を取得した場合には，配偶者居住権を取得することができます。これは，配偶者が建物の共有持分のみ有している場合，他の共有者から賃料相当の不当利得返還請求や共有物分割請求をされるおそれがあり，その場合にも，配偶者の居住権を保護する必要性があるためです。

エ　被相続人と第三者との共有の場合は成立しない

　これに対し，被相続人と第三者が居住建物を共有していた場合は，第三者の負担が大きいため，配偶者居住権の成立は否定されています（1028①但書）。

　なぜなら，被相続人は，生前，共有持分に応じた居住建物の利用権限しか持たなかったところ，第三者があずかり知らない被相続人の遺言や共同相続人の遺産分割や被相続人の遺言により，配偶者が長期間居住建

物全部を排他的に使用収益できるという強力な権利を発生させることは，第三者にとって，過大な負担を強いることになるためです。

オ　居住建物が賃借物件の場合は成立しない

　また，配偶者の居住建物が賃借物件の場合は，相続開始時に，配偶者は建物賃借権につき2分の1の相続分を持っているため，他の相続人は配偶者の同意を得ずに賃貸借契約を解除することはできません。配偶者の居住利益は建物賃借権の相続により保護されるため，この場合は，配偶者居住権は成立しません。

カ　病院等の一時入院の場合も成立

　配偶者が居住していたこととは，配偶者が居住建物を生活の本拠としていたことをいい，具体的内容については，配偶者短期居住権と同じく，家財道具を居住建物に置いたままで，病院への一時的入院，施設への入所，親族の家に身を寄せていた等の場合も含まれます。

　配偶者が建物の一部を居住の用に供していた場合でも配偶者居住権が成立する点は配偶者短期居住権と同じですが，配偶者居住権が成立し第三者対抗力を有する範囲は建物全部に及びます。この点，居住の用に供していた建物の部分にのみ成立し，第三者対抗力を持たない配偶者短期居住権とは異なります。

② 　その建物について，配偶者に配偶者居住権を取得させる旨の遺産分割，遺贈又は死因贈与がされたこと

ア　遺産分割により配偶者居住権を取得するものとされたとき（1028①一）

　遺産分割については，協議・調停のほか，審判によるものも含まれます。

イ　遺産分割の審判による場合に必要な要件

　なお，遺産分割の審判による場合には，さらに，以下のいずれかの要件が必要です（1029）。

(i)　共同相続人間に配偶者が配偶者居住権を取得することについて合意
している場合,

(ii)　配偶者が配偶者居住権の取得を希望した場合において居住建物の取
得者の受ける不利益の程度を考慮してもなお配偶者の生活を維持する
ために特に必要と認めるとき

上記要件は,建物を取得した相続人が,配偶者の無償での使用をある
程度の長期間認めなければならない不利益があることから,定められた
要件です。

ウ　配偶者居住権が遺贈の目的とされたとき（1028①二）

遺言により配偶者に配偶者居住権を取得させる場合は,遺贈に限ら
れ,配偶者に配偶者居住権を「相続させる」旨の遺言（特定財産承継遺
言）によることはできません。

その理由は,特定財産承継遺言による場合,配偶者が配偶者居住権の
取得を希望しない場合は相続そのものを放棄しない限り,配偶者居住権
を放棄することはできず,配偶者の保護に欠ける結果になるおそれがあ
るとされたためです。

なお,「配偶者に配偶者居住権を相続させる」旨の記載のある遺言が
された場合であっても,配偶者居住権の遺贈がされたものと解釈すべき
こととなるとされています（部会資料15p11）。また,配偶者が配偶者居
住権の遺贈を放棄した場合には,建物所有者が配偶者居住権のない所有
権を取得するとみるべきこととされています。

エ　死因贈与による場合

死因贈与については,条文上挙げられていませんが,死因贈与の規定
（554）において,その性質に反しない限り,遺贈に関する規定を準用す
ることとされているので,死因贈与も配偶者居住権の発生原因として認
められるという理解がされています（1028①二の準用）。

(3)　配偶者居住権の効果

①　配偶者居住権の成立範囲：建物全部

　配偶者居住権の成立範囲は，建物全部を居住のために使用していなくとも，配偶者居住権は建物全部について成立します（1028①本文）。配偶者居住権は登記が対抗要件であり，建物の一部を登記することはできないからだとされています。

　そこで，従前，建物の一部が店舗や賃貸として利用されており居住の用に供していなかった部分について，引き続き，従前の用法に従い店舗や賃貸をすることも認められますし，また，店舗や賃貸としての利用を終了し，居住の目的の範囲内で使用することも認められます（1032①但書）。

②　配偶者居住権の存続期間

　配偶者居住権の存続期間は，遺産分割の協議（調停を含む）・審判，遺言により自由に定めることができます（1030但書）。

　存続期間の定めがない場合には，配偶者の終身の間とされています（1030本文）。

　配偶者居住権の存続期間を定めた場合には，配偶者居住権の財産的評価に影響が出ることから，その延長や更新をすることはできないとされています。

③　居住建物の使用収益を行う権利及び義務

　配偶者居住権を取得した配偶者は，居住建物全体について，居住目的又は従前（相続開始前）の用法に従い，善管注意義務をもって，居住建物を使用収益する義務を負います（1032①本文）。

　自宅兼店舗において配偶者名義で営んでいた営業を継続することは「従前の用法に従った」使用と認められます。また，配偶者短期居住権の趣旨が配偶者の居住権確保にあることからすれば，事後的に店舗等住居として使用していなかった部分について，居住の用に供することは許容されてい

ます。これに対し，従前は居住用住宅としてのみ使用していた建物を営業用に供することは，用法義務違反となると考えられます。

④　配偶者居住権の譲渡禁止等

ア　配偶者居住権の譲渡禁止

　配偶者居住権は，生存配偶者自身の居住場所の確保のために認められた権利であることから，他の相続人全員又は建物所有者の承諾を得たとしても，譲渡することはできません（1032②）。

イ　建物買取請求権がないこと

　配偶者から建物所有者に対する，配偶者居住権の買取請求権も認められていません。そのような権利を認めると，建物所有者の負担が重くなりすぎると考えられたことや，その分，建物所有権の価格は下がり，配偶者居住権の価値は上がってしまうことになります。そうなると，建物所有権を取得するより安く居住の権利を確保することができ，生活費としての流動資産も取得できるという配偶者居住権の本来の趣旨にも反してしまうというのがその理由です。

ウ　配偶者居住権の換価手段

　以上からすると，配偶者が，当初，配偶者居住権に基づき自宅で生活をした後，高齢化して自宅での生活が難しくなり，施設に入所したいので，その費用に宛てるために配偶者居住権を譲渡したり，買取請求権を行使することは認められないことになります。

　では，配偶者が居住建物に住む必要がなくなったときに居住権を換価する全く方法がないのかというとそうではなく，例えば，建物所有者との合意に基づき建物所有者が配偶者居住権の買取を行うことはできます。配偶者と建物所有者との間で居住建物買取の合意が成立しない場合には，配偶者が，建物の所有者の同意を得た上で，第三者に賃貸し，賃料収入を得る手段により，配偶者居住権を換価することになります（部

会資料26−2p2）。

　また，配偶者居住権を遺産分割協議（調停を含む），遺贈，死因贈与により設定する場合に，当事者の合意又は遺言により予め買取条件，買取額の算定方法，買取額を決めておくことはできます。

　なお，配偶者居住権を配偶者が存続期間中に放棄して居住建物を所有者に返還することはできると考えられていますが，これにより，居住建物の所有者は，配偶者居住権の負担がなくなり，税務上，配偶者居住権相当額の経済的利益を供与されたと解釈されないかという問題点があります。

⑤　第三者に居住建物を使用収益させること

　配偶者は，居住建物の所有者の承諾を得なければ，第三者に居住建物を使用又は収益させることはできません（1032③）。

⑥　居住建物の修繕

　配偶者は居住建物の使用・収益に必要な修繕をすることができます（1033①）。

　居住建物が修繕を要する場合において，配偶者が相当の期間内にその修繕をしないときは，居住建物の所有者は，その修繕をすることができます（1033②）。

　居住建物が修繕を要し，また居住建物について権利を主張する者があるときは，配偶者は居住建物の所有者に対し，遅滞なくその旨を通知しなければなりません。ただし，居住建物の所有者が既にこれを知っている場合，また，配偶者が自ら居住建物の修繕をする場合には，所有者に対する上記通知は不要です（1033③）。

⑦　必要費・有益費の支出とその負担

　配偶者は，居住建物の通常の必要費を負担します（1034①）。

　通常の必要費の具体例としては，居住建物及びその敷地の固定資産税等

の支払い，居住建物の保存のための修繕費用等です。居住建物の負担付所有者が固定資産税を支払った場合は，配偶者に対し，その必要費の償還を請求することができます。

　配偶者が，通常の必要費以外の費用，例えば，特別の必要費や有益費を支出したときは，居住建物の所有者は，配偶者居住権が消滅した時点で，その価格の増加が現存する場合に限り，その選択に従い，その支出した金額又は増加額を償還しなければならないとされています。そして，裁判所は，居住建物の所有者の請求により，その償還について相当の期限を許与することができると定められています（1034②，587②，196②）。

⑧　損害賠償請求権及び費用償還請求権の行使期間の制限

　居住建物の所有者は，配偶者が居住建物について善管注意義務違反の使用・収益，若しくは居住建物所有者の承諾を得ずに居住建物の増改築及び第三者に使用収益させることによって生じた損害の賠償と，配偶者が支出した費用の償還については，居住建物が返還された時から1年以内に請求しなければなりません（1036，600）。

(4)　配偶者居住権の対抗要件

①　配偶者居住権の対抗要件は登記

　配偶者居住権は，これを登記すると，居住建物について所有権・抵当権等の物権を取得した者その他の第三者（例えば居住建物を差し押えた相続債権者や相続人の債権者）に対抗することができます（1031②，605）。

　配偶者居住権は，登記することができる権利とされています（不動産登記法3①九）。

　配偶者居住権の登記事項として，権利に関する登記の登記事項に関する不動産登記法59条に掲げる一般的な事項のほか，①存続期間，②第三者に居住建物（民法1028①）の使用・収益をさせることを許す旨の定めがある

場合にはその定めが挙げられています（不動産登記法81の 2 ）。

② 　配偶者居住権の登記請求権の法定

　居住建物の所有者は，配偶者居住権を取得した配偶者に対し，配偶者居住権の設定登記を備えさせる義務を負います（1031①）。この点は，賃貸人に賃借権の設定登記を備えさせる義務がない不動産賃借権と大きく異なります。

　配偶者居住権の設定登記申請は，審判書や調停調書がない場合は，建物所有者と配偶者との共同申請（不動産登記法60）によります。

　これに対し，配偶者が遺産分割に関する調停や審判により配偶者居住権を取得した場合は，配偶者が単独で配偶者居住権の設定登記をすることができる旨の記載がなされるため，配偶者は，審判書や調停調書に基づき，単独で配偶者居住権の設定登記の申請をすることができます。

　参考までに，配偶者居住権の設定を命ずる遺産分割審判の場合は，登記手続を併せて命ずることになります。例えば，部会資料23－ 2 ・ 5 頁の資料によると，審判決定書は次のとおりとなります。

　被相続人の遺産を次のとおり分割する。

1 　申立人甲（配偶者）に対して，別紙物権目録記載の建物（以下「本件建物」という。）につき存続期間を配偶者甲の終身の間とする配偶者居住権を設定する。
2 　相手方乙（相続人）は，本件建物の所有権を取得する。
3 　相手方は，申立人に対し，本件建物につき，第 1 項記載の配偶者居住権を設定する旨の登記手続をせよ。
4 　（以下略）

　この場合，審判決定書の主文に配偶者居住権の登記義務の履行が命じられているため（審判決定書3），配偶者甲は，この審判に基づき，単独で登記の申請をすることができます（部会資料22-2p4）。

③　配偶者居住権に基づく妨害停止請求・返還請求

　配偶者は，配偶者居住権の登記を備えた場合に以下の請求ができます（1031②，605の4）。不動産賃借権による妨害停止の請求の準用がされています。

ア　居住建物の占有を妨害している第三者に対して妨害の停止の請求ができます。

イ　居住建物を占有する第三者に対して居住建物の返還を請求できます。

④　借地借家法上の対抗要件（建物の引渡し）の適用はない

　配偶者居住権について，借地借家法上の対抗要件の適用はありません。

　配偶者居住権は，配偶者が相続開始時に居住建物に住んでいることが成立要件です。そのため，建物の引渡しを対抗要件として認めると，外観上は何ら変化がないため，公示手段としては極めて不十分です。

　また，配偶者居住権は無償で居住建物を使用収益できるので，建物の引渡しだけで第三者に対抗できるとすると，対抗要件を具備した後にその建物の所有権を取得した者，あるいはその建物の差押えをした債権者などは，配偶者居住権の存続期間中は建物の使用の対価（建物賃料）すら取得できなくなってしまいます。この点で，賃借権の場合に，建物の所有権を取得した者が賃借権の存在を知らなかった場合であっても，その後の賃料を取得することができることと比較して，賃借権よりもさらに権利の内容を適切に公示すべき必要性が高いとされています。

⑤　敷地所有権の譲受人等には対抗できない

　配偶者居住権の登記はあくまで居住建物に関する対抗要件ですので，敷地所有権の譲受人・差押債権者・抵当権者には，登記の先後を問わず，対

抗することはできません。

　例えば，配偶者が居住建物につき配偶者居住権を取得し，相続人が配偶者居住権の負担付建物とその敷地の所有権を取得した後，第三者に敷地を譲渡した場合，配偶者は敷地所有権を取得した第三者に対し配偶者居住権を主張することはできません。

　上記の場合，相続人が第三者に敷地を譲渡する際に，建物のために地上権や賃借権等の利用権を設定している場合，配偶者は，敷地の譲受人に対して，建物所有者が持つ敷地利用権を援用することができ，これによって，第三者からの建物退去請求に対し拒否することができますが，そのような利用権が設定されていない場合には，権利濫用を主張して建物退去請求を拒否するしかないことになります。

(5)　配偶者居住権の消滅

　配偶者居住権の消滅原因は以下のとおりです。

①　配偶者が死亡したとき（1036，597③）

②　存続期間が満了したとき（1036，597①）

③　居住建物が滅失したとき（1036，616の2）

④　居住建物の所有者による消滅請求があったとき（1032④）

　　配偶者の善管注意義務違反（1032①），配偶者が居住建物の所有者の承諾を得ず第三者に居住建物の使用収益をさせたり，増改築をした場合（1032③）に，居住建物の所有者が相当の期間を定めて是正の催告をしたがその期間内に是正がされない場合，居住建物の所有権は，配偶者に対する意思表示により，配偶者所有権を消滅させることができます。

⑤　居住建物が配偶者の単独所有となったとき（1028②）

⑥　配偶者が配偶者居住権を放棄したとき

⑹　配偶者居住権の消滅後，配偶者が居住建物の所有者に負う義務

①　居住建物の返還義務

　配偶者は，配偶者居住権が消滅したときは，居住建物の返還をしなければなりません。

　ただし，配偶者が居住建物について共有持分を有する場合は，配偶者は共有持分に基づいて，居住建物を占有することができるため，居住建物の共有者は，配偶者に対して，配偶者居住権が消滅したことを理由として，居住建物の返還を求めることはできません（1035①但書）。この場合は，一般の共有法理による解決となります。

　また，配偶者居住権を有する配偶者が居住建物の共有持分を取得した場合であっても，他の者が居住建物の共有持分を有する場合には，他の共有者からの賃料相当額の不当利得返還請求（703）や共有物分割請求（258）に対応する必要があることから，混同（252）の例外により，配偶者居住権は消滅しません（1028②）。

②　居住建物の原状回復義務

　配偶者は，居住建物の返還をするときは，相続開始後に居住建物に生じた損傷を相続開始前の状態に原状回復する義務を負います（1035②，599①②）。ただし，通常損耗や経年劣化に基づく損傷は除きます。また，損傷が，配偶者の責めに帰すことのできない事由によるものであるときは，この限りではありません（1035②，621）。

③　相続開始後に居住建物に附属させた物を収去する義務

　配偶者が居住建物の返還をするときは，相続開始後に居住建物に附属させた物を収去する義務を負います。ただし，居住建物から分離できない物又は分離するのに過分の費用を要する物については，収去義務の例外とされます（1035②，599①但書）。

④　配偶者の死亡により配偶者居住権が消滅の場合

　配偶者居住権の消滅により生ずる上記①から③の権利義務は，配偶者の相続人が相続によりこれを取得します。

(7)　配偶者居住権の評価について

　配偶者が遺産分割により配偶者居住権を取得する場合にはその具体的相続分の評価を巡り，配偶者が遺贈や死因贈与により配偶者居住権を取得する場合には特別受益との関係や，遺留分侵害の有無を算定する関係で，配偶者居住権の財産的価値の評価が必要となってきます。

　配偶者居住権の価額の算定方法については，相続法改正により，一定のルールを決めたものではないとされています。そのため，具体的な評価方法については，今後の解釈運用に委ねられています。以下では，相続法改正の審議経過において，取り上げられた考え方を簡単に紹介します（部会資料19－2）。

①　「建物賃借権の評価額＋（建物の賃料相当額×存続期間－中間利息額）」とする考え方

　この考え方は，法制審議会（相続関係）民法部会において議論の出発点とされたものです。

　この考え方に対しては，建物賃借権の評価の算定や，建物の賃料相当額の評価，存続期間の設定について，必ずしも不動産の専門家ではない遺産分割の当事者である相続人らが評価・算定できるのかという困難な問題があるとされています。

②　「居住建物・敷地の価額－配偶者居住権の負担付の居住建物・敷地の所有権の価額」とする考え方

　この考え方は，法務省がより簡便な計算方法として前記部会に提出したものです。固定資産税評価額に基づき算定する方法であり，相続人全員が

簡易な評価方法を用いて遺産分割を行うことに合意している場合に使うことを想定し，不動産鑑定士協会からも一定の合理性があるとの評価を得ています（平成29.3.27部会資料19－2「長期居住権の簡易な評価方法について」）。遺産分割調停・審判においても，鑑定を行う場合は別として，当事者である相続人全員が簡易な評価方法によるとの評価合意を目指す際には同評価方法を用いるのが相当であると考えられています。配偶者居住権の評価方法については，現在，詳細な検討が行われている最中であり，この考え方についても，あくまで暫定的なものであるとされています（東京家庭裁判所家事 5 部編著「東京家庭裁判所家事第 5 部（遺産分割部）における相続法改正を踏まえた新たな実務運用」（家庭の法と裁判号外）日本加除出版株式会社67頁）。

　配偶者居住権の評価方法については，現時点で確立したものはなく今後の実務の解釈や運用の集積を待つことになりますが，本文中の「簡易な評価方法」は，固定資産税評価額に基づいて算定できる方法であり，当事者間の評価に関する合意になじむとされています。同様に，公示地価または路線価に基づいて算定する方法，路線価を0.8で割り戻す方法，固定資産税評価額を0.7で割り戻す方法等で計算することも，当事者間で合意していれば可能です。なお，調停・審判において当事者間で評価に関する合意ができない場合は鑑定によることになりますが，建物・敷地の評価，当事者が希望する存続期間を前提とした配偶者居住権の評価をすることになります。また，評価時点は，遺贈であれば相続開始時点，遺産分割であれば現在時点ということになります。

　以上を前提に，以下，この配偶者居住権の簡易な評価方法を紹介します。

③　配偶者居住権の簡易な評価方法の説明

　配偶者居住権の簡易な評価方法の計算式は，以下のとおりとなります。

> 配偶者居住権の価額
>
> ＝ア 配偶者居住権の負担のない建物・敷地の現在価額
>
> 　　　 －
>
> 　イ 配偶者居住権の負担のある建物所有権・敷地の所有権・利用権の価額

　配偶者は，配偶者居住権の存続期間中若しくは終身，居住建物と敷地を利用することができ，その利用については第三者にも対抗することができます。

　そこで，配偶者居住権には，居住建物と敷地の利用権がそれぞれ含まれているといえます。

　そうすると，配偶者居住権の価額は，配偶者居住権の負担のない建物・敷地の現在価額から，配偶者居住権の負担のある建物所有権と敷地の所有権・利用権を差し引いたものであるということになります。

　なお，配偶者居住権を遺産分割により取得する場合は，「現在価額」ですが，配偶者居住権を遺贈により取得する場合は，「相続開始時点での価額」となります。

　ア　配偶者居住権の負担のない建物・敷地の現在価値について

　　ⅰ）建物の敷地の評価

　　　　建物敷地の評価については，固定資産税評価額ないし時価に基づいた評価について相続人間で合意することになります。

　　　　調停・審判の場合に，相続人間で合意をすることができないときには，鑑定によることになります。

　　ⅱ）建物の評価

　　　　建物の評価については，実務上，固定資産評価額によることが多

く，また，相続税評価における家屋の評価については，固定資産税評価額×倍率（1.0）とされています（評基通89）。

以上をまとめると次のとおりとなります。

配偶者居住権の負担のない建物と敷地の現在価額

＝ⅰ）敷地：㋐　固定資産評価額ないし時価に基づく評価を合意

　　　　　　　　又は

　　　　㋑　調停・審判の場合に，評価の合意ができないとき，鑑定で確定。

　　　　　　　　　　　　　＋

　　ⅱ）建物：固定資産評価額×倍率（1.0）（財産評価基本通達89）

イ　配偶者居住権の負担のある建物所有権と敷地所有権・利用権

　ⅰ）配偶者居住権の負担のある建物所有権の価額

　　　配偶者居住権を取得した配偶者が得ることになる「配偶者居住権の存続期間中，建物を利用することができる利益」を現在価値に引き直して算定します。計算式は以下のとおりです。

　　　計算結果がマイナスとなる場合は，配偶者居住権の負担のある建物所有権の価額は0円となります。

配偶者居住権の負担のある建物所有権の価額

＝固定資産税評価額

　　×$\dfrac{（建物の法定耐用年数－（経過年数＋配偶者居住権の存続年数）}{（建物の法定耐用年数－経過年数）}$

　　×存続期間に相当するライプニッツ係数

建物の法定耐用年数は，木造の住宅用建物は22年，RC 造（Reinforced Concrete，以下 RC 造という）の住宅用建物は47年とされている（減価償却資産の耐用年数等に関する省令15）ことを参考にしています。

配偶者居住権の存続年数が終身の場合は，簡易生命表記載の平均余命の値を使用します。

ii）配偶者居住権の負担のある土地所有権・利用権の価額

配偶者居住権の負担付土地所有権・利用権を取得した者が「配偶者居住権の存続期間終了後に得ることとなる負担のない敷地所有権・利用権の価額」を現在価値に引き直して算定します。

配偶者居住権の負担のある土地所有権・利用権の価額

＝敷地の固定資産評価額ないし時価

　×存続期間に相当するライプニッツ係数

ウ　計算に用いるライプニッツ係数について

債権法改正（令和 2 年 4 月 1 日施行）により，法定利率が，改正前 5 ％から改正後 3 ％に変更され，その後 3 年ごとに見直されることになっています。配偶者居住権に関する改正法の施行も令和 2 年 4 月 1 日からであることから，以下では，法定利率が 3 ％の場合のライプニッツ係数を適用して計算します。

法定利率 3 ％のライプニッツ係数の目安は以下のとおりです。

5年	0.863
10年	0.744
15年	0.642
20年	0.554
25年	0.478
30年	0.412

エ　配偶者居住権の簡易な評価方法を基に計算した具体例

┌─ 例1 ──────────────────────────────
│
│ 配偶者居住権の対象は木造の一戸建
│
│ 　（築年数10年，固定資産税評価額1,000万円，配偶者居住権の存続
│ 　期間15年）
│
│ 　敷地の固定資産税評価額4,000万円
│
└──────────────────────────────────

(ア)　配偶者居住権の負担のない建物敷地の現在価額

　　　1,000万円＋4,000万円＝5,000万円

(イ)　配偶者居住権の負担のある建物所有権の価額

　　　1,000万円×（木造耐用年数22年－（経過年数10年＋配偶者居住権
　　　存続期間15年）÷（木造耐用年数22年－経過年数10年）
　　　×15年に対応したライプニッツ係数0.642

　　＝0円（この場合は，経過年数と配偶者居住権の存続期間が耐用年
　　　数を超えるため）

(ウ)　配偶者居住権の負担のある敷地所有権等の価額

　　　4,000万円×存続期間15年に対応したライプニッツ係数0.642
　　＝2,568万円

(エ)　配偶者居住権の価額

$$(ア)－((イ)＋(ウ))＝5,000万円－2,568万円＝2,432万円$$

例2

配偶者居住権の対象は RC 造の一戸建

（築年数15年，固定資産評価額1,400万円，配偶者居住権の存続期間は終身）

配偶者（女性）の現在の年齢は60歳（平成29年簡易生命表上平均余命28.97歳）

敷地の固定資産税評価額は6,000万円

(ア)　配偶者居住権の負担のない建物敷地の現在価額

$$1,400万円＋6,000万円＝7,400万円$$

(イ)　配偶者居住権の負担のある建物所有権の価額

1,400万円×（RC 造耐用年数47年－（経過年数15年＋平均余命29年）

÷（耐用年数47年－経過年数15年）

×29年に対応したライプニッツ係数0.424

$$≒1,400万円×0.04＝56万円$$

(ウ)　配偶者居住権の負担のある敷地所有権等の価額

$$6,000万円×29年に対応したライプニッツ係数0.424＝2,544万円$$

(エ)　配偶者居住権の価額

$$(ア)－((イ)＋(ウ))＝7,400万円－(56万円＋2,544万円)＝4,800万円$$

〈参考〉「配偶者居住権の価値評価について（簡易な評価方法）

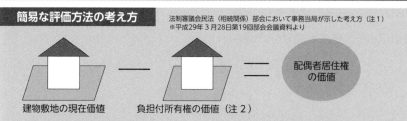

配偶者居住権の価値評価について（簡易な評価方法）

簡易な評価方法の考え方

法制審議会民法（相続関係）部会において事務当局が示した考え方（注1）
※平成29年3月28日第19回部会会議資料より

建物敷地の現在価値 ー 負担付所有権の価値（注2） ＝ 配偶者居住権の価値

（注1）相続人間で，簡易な評価方法を用いて遺産分割を行うことに合意がある場合に使うことを想定したものであるが，不動産鑑定士協会からも一定の合理性があるとの評価を得ている。

（注2）負担付所有権の価値は，建物の耐用年数，築年数，法定利率等を考慮し配偶者居住権の負担が消滅した時点の建物敷地の価値を算定した上，これを現在価値に引き直して求めることができる（負担消滅時までは所有者は利用できないので，その分の収益可能性を割り引く必要がある。）。

評価の具体例

（事例）
同年齢の夫婦が35歳で自宅（木造）を新築。
妻が75歳の時に夫が死亡。
その時点での土地建物の価値4,200万円（注）。

（注）東京近郊（私鉄で中心部まで約15分，駅徒歩数分）の実例（敷地面積90平米，木造2階建て，4DK＋S，築40年）を参考に作成

建物敷地の現在価値 ー 負担付所有権の価値（注2） ＝ 配偶者居住権の価値

| 4,200万円 | 2,700万円 | 1,500万円 |

平均余命平成28年簡易生命表より抜粋
（単位：年）

	男	女
50歳	32.54	38.21
55歳	28.02	33.53
60歳	23.67	28.91
65歳	19.55	24.38
70歳	15.72	19.98
75歳	12.14	15.76
80歳	8.92	11.82
85歳	6.27	8.39

終身の間（平均余命を前提に計算）の配偶者居住権を設定したものとして計算（注）
この場合，配偶者居住権の価値は1,500万円となり，約35パーセントにその価値を圧縮することができる。

（注）この事例では，配偶者居住権消滅時の建物の価値が0円となるため，土地の価格（4,200万円）を法定利率年3％で15年分割り戻したもの。

（法務省HP資料を基に作成）

☑ チェックポイント

1．終身又は一定期間，配偶者が，無償で居住建物を使用・収益できる権利です。なお，特定財産承継遺言では設定ができません。

2．配偶者居住権は，遺産分割の協議や遺言により，存続期間を定めることができますが，別段の定めがない場合は終身（相続開始日から配偶者の死亡日まで）となります。なお，配偶者居住権の存続期間を，事後的に延長することはできません。

3．配偶者が，居住建物の所有者から居住建物を取得した者や居住建物の差押権者等の第三者に対し，配偶者居住権を主張するには，居住建物の登記が必要となります。

4．敷地所有権の譲受人・差押権者・抵当権者には対抗できない権利です。

5．「居住の用」のほか従前（相続開始前）の用法も認められ，従前の用法の範囲内である限り営業用の使用も可能です。

6．居住建物の所有者の承諾を条件に第三者に使用・収益させることができます。

7．配偶者居住権の譲渡は禁止されていますが，居住建物の所有者と合意して，配偶者居住権の買取をすることは可能であると考えられています。

第 3 章

遺産分割等に関する見直し

配偶者保護のための
持戻し免除の意思表示推定規定

　改正法では，婚姻期間20年以上の夫婦間で，居住用不動産の遺贈又は贈与がされたときは，持戻し免除の意思があったものと推定し，被相続人の意思を尊重した遺産分割ができるようにしました。

施行日　令和元年（2019年）７月１日

経過規定　施行日以後になされた贈与，遺贈に適用されます。

1　改正の背景

(1)　特別受益による処理

　改正前においては，配偶者に対する遺贈や贈与があると原則として特別受益（903①）という取扱いがされ，遺産分割において，その分は原則として遺産の先渡しを受けたものとして取り扱われる結果，その分を控除した額に相当する遺産しか取得することができません。

　※１　相続人が配偶者と子の場合，居住用不動産を贈与された配偶者の具体的相続
　　　分の計算式は，以下のとおりです。

$$\left(\boxed{配偶者に対する贈与の額} + \boxed{遺産評価額} \right) \times \frac{1}{2} - \boxed{配偶者の贈与の額}$$

　　　そうすると，配偶者が最終的に取得する財産は，以下，※２の計算式のとおり，遺贈や贈与等がなかった場合と同じとなります。

※2　上記の計算式※1＋ 配偶者の贈与の額

$$= (\boxed{配偶者に対する贈与の額} + \boxed{遺産評価額}) \times \frac{1}{2}$$

　そうすると，被相続人が，配偶者に対してこれまでの長年の貢献に報い，その老後の生活保障を厚くするために居住用不動産を取得させようとし，基本的には遺産分割においてその分だけ取り分を減らす意思がないという場合が多いという実態にも反し，遺贈や贈与をした被相続人の意思が反映されません。

(2)　持戻し免除の意思表示

　このように，改正前は，遺贈又は贈与があった場合，(1)のとおり，原則として特別受益という取扱いがされることから，そのような取扱いをしないためには，いわゆる持戻し免除の意思表示が必要となります。持戻し免除の意思表示とは，遺贈又は贈与があった場合であっても遺産分割においてその分だけ取り分を減らすことを免除する意思表示のことです（903③）。

※3　持戻し免除の意思表示が認められる場合に配偶者の具体的な相続分は，

$$\boxed{遺産評価額} \times \frac{1}{2}$$

※4　よって，配偶者が最終的に取得する財産の額は，以下のとおりとなります。

$$\boxed{遺産評価額} \times \frac{1}{2} + \boxed{配偶者に対する贈与の額}$$

　このように，被相続人が遺贈又は贈与を持ち戻す必要がないとの意思を示していたと認められる場合には，被相続人の意思に従い，遺贈又は贈与を相続財産に加算しないことになります。

　持戻し免除の意思表示は，遺言などで明確に表示されていない場合であっても，周囲の状況から，推測できる場合であればよいとされますが，持戻しの免除の意思表示の有無を巡って，争いになると，配偶者の長年の貢献に報いるという被相続人の意思が反映されないことにもなりかねません。

(3)　贈与税の配偶者控除の特例（相続税法21の6）

　ところで，相続税法上，長年にわたる配偶者の貢献に報い，老後の生活保障を図る制度として，贈与税の配偶者控除の特例があります。すなわち，婚姻期間が20年以上の夫婦間で，居住用不動産又は居住用不動産を取得するための金銭の贈与が行われたときに，基礎控除（110万円）のほかに最高2,000万円まで控除できるという制度です。

　この制度は，居住用不動産は通常夫婦の協力の下に形成されたものが多く，夫婦の一方が他方に居住用の不動産を贈与する場合，配偶者の老後の生活保障の意味合いが強いことを理由として，配偶者の死亡により残された他方配偶者の生活について配慮し，税法上の優遇措置を施すものです。この贈与税の特例の適用は生前贈与に限られ，死因贈与，遺贈の場合は適用されません。居住用不動産の購入資金の贈与については，その贈与を受けた年の翌年3月15日までにその居住用不動産の取得に充てた部分の金額の限度で，贈与税の特例の適用を受けることができます。

2　改正法のポイント

(1)　持戻し免除の意思表示の推定規定の趣旨

　長期の婚姻関係にある夫婦の場合，配偶者の貢献に報いると共に，その生活保障を図る目的であることが多く，遺贈や贈与があったときでも，被相続人は遺産分割において取得分を減らす意思を有しないことが通常です。

　そこで，改正法では，このような被相続人の意思に沿った遺産分割を可能とするために持戻し免除の意思があったものと推定する規定を新設し（903④），原則として，遺産分割の計算上，特別受益を受けたものと取り扱わなくてもよいこととしました。

　被相続人が特別受益として取り扱ってほしいと考える場合には，むしろ持戻し免除を認めない旨の意思表示をする必要があります。この場合の，意思表示は，黙示の意思表示も含むとされ，必ずしも遺言による必要はないと考えられていますが，後日のトラブルを防止するためには，遺言書等により明確にしておくことが望ましいと思います。

⑵　贈与税の配偶者控除の特例との比較

　改正法は，配偶者の死亡により残された他方配偶者の生活に配慮し，一定の優遇措置を講ずる点では，贈与税の特例と共通するものですが，生前贈与のみならず，死因贈与，遺贈の場合も適用されます。他方で，改正法は，居住用不動産の購入資金の贈与は対象としていません。

〈参考〉長期間婚姻している夫婦間で行った居住用不動産の贈与等を保護するための施策

長期間婚姻している夫婦間で行った居住用不動産の贈与等を保護するための施策

1．見直しのポイント

婚姻期間が20年以上である配偶者の一方が他方に対し，その居住の用に供する建物又はその敷地（居住用不動産）を遺贈又は贈与した場合については，原則として，計算上遺産の先渡し（特別受益）を受けたものとして取り扱わなくてよいこととする。

➡ このような場合における遺贈や贈与は，配偶者の長年にわたる貢献に報いるとともに，老後の生活保障の趣旨で行われる場合が多い。

➡ 遺贈や贈与の趣旨を尊重した遺産の分割が可能となる（法律婚の尊重，高齢の配偶者の生活保障に資する）。

2．改正前の制度

贈与等を行ったとしても，原則として遺産の先渡しを受けたものとして取り扱うため，配偶者が最終的に取得する財産額は，結果的に贈与等がなかった場合と同じになる。
➡ 被相続人が贈与等を行った趣旨が遺産分割の結果に反映されない。

（事例）　相続人　　配偶者と子2名（長男と長女）
　　　　　遺　産　　居住用不動産（持分2分の1）2,000万円（評価額）
　　　　　　　　　　その他の財産6,000万円
　　　　　配偶者に対する贈与　居住用不動産（持分2分の1）2,000万円

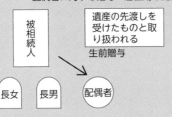

配偶者の取り分を計算する時には，生前贈与分についても，相続財産とみなされるため，
（8,000万＋2,000万）×1／2－2,000万
＝3,000万円，となり，
最終的な取得額は，
3,000万＋2,000万＝5,000万円となる。
結局，贈与があった場合とそうでなかった場合とで，最終的な取得額に差異がないこととなる。

3．改正法のメリット

このような規定（被相続人の意思の推定規定）を設けることにより，原則として遺産の先渡しを受けたものと取り扱う必要がなくなり，配偶者は，より多くの財産を取得することができる。
➡ 贈与等の趣旨に沿った遺産の分割が可能となる。

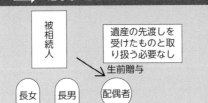

同じ事例において，生前贈与分について相続財産とみなす必要がなくなる結果，配偶者の遺産分割における取得額は，
8,000万×1／2＝4,000万円，となり，
最終的な取得額は，
4,000万＋2,000万＝6,000万円
となり，**贈与がなかったとした場合に行う遺産分割より多くの財産を最終的に取得できることとなる。**

（法務省HP資料を基に作成）

(3) 持戻し免除の意思表示の推定規定（903④）の成立要件

① 婚姻期間が20年以上の夫婦であること

② 贈与又は遺贈の対象が，「居住用不動産」である場合に限られること

③ 居住用不動産が「贈与」又は「遺贈」されたこと

以下，問題となる点をみていきます。

① 婚姻期間20年以上の夫婦であること

まず，ここでいう夫婦とは法律婚に限り，事実婚の場合は含まれません。

次に，贈与をした時点において，夫婦の婚姻期間が20年以上経過していることが必要です。

相続開始時において婚姻期間20年以上を経過していたとしても，贈与時に婚姻期間20年以上を経過していない場合には，適用されない点に注意が必要です。

② 居住の用に供する建物又はその敷地（配偶者居住権を含む）であること

ア 居住用不動産に限定されること

本条の趣旨は，居住用不動産の贈与が高齢の相手方配偶者の生活保障を考慮して行われることが多い点を考慮していることから，その対象は，居住用不動産に限定されます。

居宅兼店舗の場合，居住用部分については推定規定の適用があります。ただし，店舗の部分まで適用があるかについては，店舗の部分についても事実上の推定が働くと考えるのか，あるいは店舗等の部分については別途独立に持戻し免除の意思表示を検討することになるのか等といった点は，当該不動産の構造や形態，被相続人の遺言の趣旨などにより判断が異なるとされています（追加試案）。例えば，店舗部分（離れ）と居住用部分（本宅）とが明らかに分かれている場合，居住用部分のみ

に持戻し免除の意思表示が推定され，店舗部分には推定されないことになります。また，例えば，煙草店などで店舗部分が1階一部，1階の残りと2階，3階は居住部分である場合には，店舗部分も含めて，建物全体について持戻し免除の意思表示が推定されることになると思われます。

イ　配偶者居住権も対象に含まれる

　アで述べた本条の趣旨からすると，婚姻期間が20年以上の夫婦の間で，配偶者居住権の遺贈がされた場合についても，持戻し免除の意思表示の推定規定が準用されます（1028③，903④）。

ウ　居住用不動産に該当するかの判断時期

　居住用不動産に該当するかの判断時期は，原則として贈与をした時点を基準とすべきであると考えられます。建物又はその敷地については，贈与時において居住の用に供していればよく，相続開始時においては，居住の用に供していなくても適用されます。

③　遺贈又は贈与であること（1028③，903④）

ア　ここにいう遺贈については，死因贈与（554）も含みます。

イ　特定財産承継遺言（相続させる旨の遺言）がされた場合

　いわゆる相続させる旨の遺言（相続人の一部に特定の財産を承継させる旨の遺言）については，一般に，遺産分割方法の指定であると考えられています（最判平成3.4.19民集45.4.477）。これに対し，改正法の規定は，遺贈・贈与を対象としているため，遺産分割方法の指定とされている特定財産承継遺言について，民法903条4項を直接適用することはできません。

　この点について，遺言者の意思解釈の問題として，遺言者が遺産分割方法の指定とあわせて相続分の指定がされたものと取り扱い，残余の遺産における分割協議等では，居住用不動産については別枠として取り扱

うことにより，結果的に同条項を適用したのと同じ結果となるとする考え方もあります（堂薗幹一郎，神吉康二編著『概説　改正相続法』一般社団法人金融財政事情研究会47～48頁）。

⑷　持戻し免除の意思表示の推定規定（903④）の効果
①　持戻し免除の意思表示をしたものとの推定

　被相続人が当該贈与等について特別受益（903①）の規定を適用しない旨の意思表示，すなわち，持戻し免除の意思表示をしたものと推定することとしています。

　なお，持戻し免除の意思表示の推定を受けるとしても，遺留分侵害額請求権の行使を受けることが否定されないのは，一般の遺贈や死因贈与の場合と同様です。

　また，この規定は意思表示の推定規定であるため，確実に持戻し免除の意思表示の効果を生じさせたい場合には，遺言に「遺言者は，妻○○に下記不動産を居住用不動産として贈与しているが，この分の持戻しを免除し，同不動産の評価額を相続財産に加算せず，同人の相続分から控除しない。」旨の規定を設けることになります。

②　持戻し免除の意思表示の推定を破る場合

　持戻し免除の意思表示の推定規定は，あくまで「推定」ですので，被相続人が異なる意思表示を表示している場合には，民法903条4項の推定規定の適用はありません。

　なお，被相続人が持戻し免除の意思表示の推定と異なる意思を表示する場合について，改正法がその方式に関する規定を設けていないことからすれば，必ずしも遺言の中でしなければならないということはなく，遺言以外の方法によりその意思表示をすることも可能ですし，黙示の意思表示も含みます。この場合，贈与等された価額，動機，夫婦の生活関係，経済状

況，健康状態，他の相続人が受けた贈与や遺贈の内容等諸般の事情を勘案することとなります。

☑ チェックポイント

1．施行日（令和元年7月1日）以降の居住用不動産の贈与，遺贈に適用されます。

2．居住用不動産の購入資金の贈与は対象外です。

3．居住用不動産の贈与の時点で，婚姻期間20年以上が経過していることが必要です。

4．居住用不動産（建物とその敷地）に限定され，事業用不動産は対象外です。

5．特定財産承継遺言の場合，持戻し免除の意思表示推定規定が直接適用できません。

第2節　可分債権の取扱いについて

1　改正の背景

(1)　可分債権一般と遺産分割

　改正前においては，相続手続における金銭債権一般の処理についての規定は，特に設けられていません。

　今まで，判例・通説は，金銭債権一般について，性質上の分割債権である（427）として，遺産分割手続を経るまでもなく，法律上当然に相続分に従って分割され，各共同相続人に帰属するとしていました。例えば，不法行為に基づく損害賠償請求権の共同相続（最判昭和29.4.8民集8巻4号819頁），不動産賃貸人の地位を相続した場合の賃料債権（最判平成17.9.8民集59巻7号1931頁）についても，法定相続分に応じて当然分割されるとしています。

　預貯金債権についても，(2)で述べる最高裁決定が出るまでは，金銭債権一般の処理と同様，性質上分割債権であるとして，遺産分割手続の対象外として処理され，金融機関により具体的な取扱いに差異はあるものの，各相続人は，預金額の内，相続分に相当する金額について払戻しを受けることができました。

(2)　預貯金債権に関する取扱い

　ところが，平成28年12月19日最高裁大法廷決定により，各種預貯金債権の内容及び性質に照らせば，預貯金債権が共同相続された場合は，相続開始と同時に相続分に応じて分割されることなく，他の財産と共に，遺産分割の手続を経て各相続人に承継されると判示されました（最大決平成

28.12.19民集70巻 8 号2121頁）。

　この最高裁決定により，①相続された預貯金債権は遺産分割の対象財産
に含まれることとなり，②共同相続人による単独での払戻しができないこ
ととなりました。

2 改正法のポイント

　改正法についても，可分債権や金銭債権一般に関する相続処理の規定は
設けられませんでしたが，次の節で述べるように，遺産分割前の預貯金の
払戻しについて，平成28年の最高裁決定を踏まえた処理規定が新設されま
した。

第3節 遺産分割前における預貯金の払戻し制度の創設

　改正法では，相続された預貯金債権について，生活費や葬儀費用の支払，相続債務の弁済などの資金需要に対応できるように，遺産分割前にも預貯金の払戻しが受けられる制度を創設しました。

施行日　令和元年（2019年）7月1日

経過規定　施行日以後に開始した相続に改正法が適用されます。

　　　　　　施行日前に相続が開始した場合でも，施行日以後に預貯金債権を行使する場合には，改正法が適用されます。

1 改正の背景

(1) 金銭債権と遺産分割の対象性について

　近時の判例は，①定額郵便貯金債権（最判平成22.10.8民集64巻7号1719頁），②普通預金債権，通常貯金債権，定期貯金債権（最大決平成28.12.19民集70巻8号2121頁），③定期預金債権，定期積金債権（最判平成29.4.6判タ1437号67頁）につき，遺産分割の対象に含まれるとの判断を示しています。そうすると，預貯金債権が遺産共有された場合には，預貯金債権の行使は準共有物の変更として共同相続人全員の同意が必要となります

（264, 251）。

(2)　遺産分割前の預金払戻不可による不都合

　このように判例変更により，預貯金債権についても遺産分割の対象とすることにより特別受益や寄与分を考慮した公平な分配が可能となった反面，遺産分割終了までは共同相続人全員の同意がなければ，預貯金の払戻しができないなど，各共同相続人の資金需要に早急に対応することが困難となる支障が出てきました。

　例えば，各共同相続人は葬儀費用の支払や，生前の医療費，公租公課，あるいは被相続人の債務の弁済といった資金需要に基づき預貯金の払戻しをしたいという場合でも，共同相続人中に一人でもこれに反対している人がいたり，あるいは所在不明の相続人がいたりすると，預貯金の払戻しを受けることができない不都合があります。

(3)　保全処分の要件が厳格

　改正前の遺産分割の保全処分の要件は，「強制執行を保全し，又は事件の関係人の急迫の危険を防止するため必要があるとき」（家事法200②）とされ，保全の必要性が厳格であり，また，平成28年最高裁決定が出るまでは，各共同相続人が単独で預貯金債権の行使が可能であったため，あまり利用されてきませんでした。

○**改正前の制度**

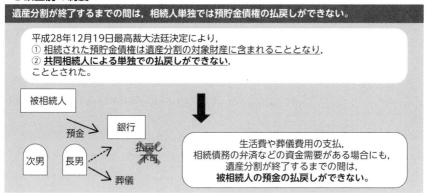

遺産分割が終了するまでの間は，相続人単独では預貯金債権の払戻しができない。

平成28年12月19日最高裁大法廷決定により，
① 相続された預貯金債権は遺産分割の対象財産に含まれることとなり，
② **共同相続人による単独での払戻しができない**，
こととされた。

被相続人

銀行

預金

払戻し
不可

次男　　長男

葬儀

生活費や葬儀費用の支払，
相続債務の弁済などの資金需要がある場合にも，
遺産分割が終了するまでの間は，
被相続人の預金の払戻しができない。

（法務省 HP 資料を基に作成）

2　改正法のポイント

(1)　制度の内容

　遺産分割前の預貯金債権に関する判例変更を踏まえて，相続人の資金需要に対応できるよう以下の規定を新設しました。

　①　民法上，遺産分割前における預貯金債権の行使を認める規定（909の 2 ）

　②　家事事件手続法上，遺産分割前の預貯金債権の仮分割の仮処分（家事法200③）に関する規定

　②についても，①と平仄を合わせ，相続債務の弁済，相続人の生活費の支弁その他の事情により遺産である預貯金債権を行使する必要があると認められる場合には，他の共同相続人の利益を害しない限り，特定の預貯金の全部又はその一部をその者に仮に取得させることができることとされました。

〈参考〉相続された預貯金債権の払戻しを認める制度について

○見直しのポイント

> 相続された預貯金債権について，生活費や葬儀費用の支払，相続債務の弁済などの資金需要に対応できるよう，遺産分割前にも払戻しが受けられる制度を創設する。

○改正法のメリット

> 遺産分割における公平性を図りつつ，相続人の資金需要に対応できるよう，2つの制度を設けることとする。
> (1) 預貯金債権の一定割合（金額による上限あり）については，家庭裁判所の判断を経なくても金融機関の窓口における支払を受けられるようにする。
> (2) 預貯金債権に限り，家庭裁判所の仮分割の仮処分の要件を緩和する。

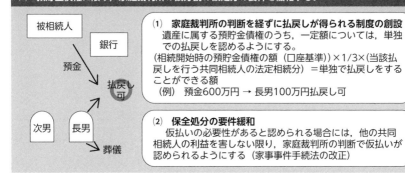

(法務省 HP 資料を基に作成)

(2)　遺産分割前の預貯金の払戻しの要件

①　対象は預貯金債権に限定

　改正法の預貯金の払戻制度（909の2）は，預貯金債権の一定割合（同一の金融機関毎に150万円まで）について，各共同相続人が，家庭裁判所の判断を経なくても金融機関の窓口における支払を受けられるようにするというものです。このような趣旨に基づくため，この制度の適用は，預貯金債権に限られ，信託の受益金支払等のように，預貯金債権以外の権利行使は，本条の対象外です。

②　払戻金額の計算の基準時は相続開始時点

　各預貯金債権の割合及び額を算定する基準時は，「相続開始の時」と定められています。

　したがって，相続開始時点から実際の払戻し請求の間に他の相続人が被相続人の死亡を隠して預貯金を引き出したり，また，相続開始後に引落しや振込みがあり，相続開始時点から実際の払戻し請求までの間に預貯金残高の金額が変動したりしていたとしても，その変動と関係なく，金融機関としては，明文で規定されている相続開始の時の預貯金債権の額を基準に計算すれば，足りるということになります。

③　払戻しが可能な金額

ア　預貯金債権ごとの割合による制限

　各相続人が単独で権利行使が可能な金額については，明文上，各預貯金債権の額の3分の1に払戻しを求める相続人の法定相続分を乗じた額としています（909の2前段）。

イ　金融機関ごとの上限設定

　上記アに加えて同一金融機関に権利行使をすることが可能な金額については，法務省令で150万円の上限を設けています。したがって，同一の金融機関に複数の口座がある場合でも，払戻しを受けることができる金額は，150万円が上限となります。

　これは，割合だけで上限を設けると，多額の預貯金債権があるような場合に，各共同相続人の払戻し可能額が多額になり，必要以上に払戻しがされ，他の共同相続人の利益が害されるおそれがあるためです。また，この制度は，裁判所の個別判断を経ることなく類型的に預貯金の払戻を認めるものであるため金額も限定されるべきと考えられています。

　具体的な金額については，標準的な必要生計費，平均的な葬式の費用の額その他の事情を勘案し，社会情勢などの変動可能性に柔軟に対応するため，法務省令で定めるものとし，その結果，150万円と定められています。

　例えば，同じ銀行の支店に普通預金口座100万円と定期預金口座500万

円がある場合，それぞれの預金口座の額を基準として計算します。

$$100万円 \times \frac{1}{3} \times 法定相続分$$

$$500万円 \times \frac{1}{3} \times 法定相続分$$

　次に，同一金融機関で権利行使可能な上限額は150万円です。同じ銀行に定期預金と普通預金があっても上限の額は変わりません。

　これに対し，複数の銀行に預金口座がある場合には，金融機関毎にそれぞれ上限額150万円が設けられることになります。

④　払戻しの使途

　相続人単独での預貯金払戻しについては，払い戻された金額の使途は問われません。

⑤　金融機関の判断を可能とする資料の提出

　条文上の要件ではありませんが，実務上は，遺産分割前における預貯金の払戻制度（909の2）の適用を受けるか否かについて金融機関が判断するのに必要な資料を，相続人が提出しないと，払戻しを受けることができません。

　具体的には，ⅰ）被相続人死亡の事実を証明するための資料（除籍謄本，住民票の除票等），ⅱ）相続人の範囲を証明するための資料（被相続人の出生から死亡までの戸籍謄本類），ⅲ）払戻請求者の法定相続分がわかる資料（払戻請求者と被相続人の関係を記載した戸籍謄本類）を相続人から金融機関に提出することが必要となります。

⑶　**遺産分割前の預貯金の払戻しの効果**

　相続人が，本条に基づき，単独で払い戻した預貯金債権は，当該相続人が遺産の一部分割により取得したものとみなされます（909の2後段）。こ

の場合，払戻しを受けた預貯金債権の額が払戻しをした相続人の具体的相続分を超える場合には，他の共同相続人に対して代償金を支払い清算する必要が出てきます。

(4)　分割前の財産処分の規定との関係

　共同相続人の一人が，被相続人を装って預金払戻しの手続きをしたり，被相続人名義のキャッシュカードを使って預金を払い戻したような場合には，金融機関は，その払戻が，遺産分割前における預貯金の払戻か否かを判断することができません。この場合は，分割前の財産処分の規定（906の2）が適用され，遺産分割前の預貯金の払戻制度（909の2）の適用はされません。

(5)　預貯金が遺贈や特定財産承継遺言の対象である場合との関係

　預貯金債権が遺贈や特定財産承継遺言（いわゆる「相続させる」旨の遺言のうち遺産の分割方法の指定として遺産に属する特定の財産を共同相続人の一人又は数人に承継させる遺言，1014①）の対象となっている場合，その預貯金債権は，遺産の対象から外れます。

　ただし，遺贈のほか，特定財産承継遺言についても，承継について金融機関に主張するためには債務者対抗要件としての通知が必要となります（467，899の2）。

　したがって，金融機関としては，債務者対抗要件が具備されるまでは，その預貯金債権が遺産に属していることを前提に処理を進めれば足り，その後に債務者対抗要件が具備されたとしても，既にされた預貯金の払戻（909の2）が無効となることはないと考えられています（堂薗幹一郎・野口宣大編著『「一問一答」新しい相続法』商事法務79頁）。

☑ チェックポイント

1．遺産分割前の預貯金払戻しが施行日以降に行われた場合に適用されます。

2．遺産分割前の預貯金払戻しは以下の条件を満たす場合に可能です。

(1)　相続開始時の預貯金の額（口座ごと）×1／3×払戻をする共同相続人の法定相続分

(2)　同一金融機関で払戻しを受ける上限額が150万円

3．払戻の使途は問いません。

4．預貯金が遺贈や特定承継遺言の場合，金融機関に対し，承継のための債務者対抗要件としての通知が必要です。

第4節　遺産の一部分割

　共同相続人において一部分割が可能であることを明文化し，分割協議が調わない場合に相続人が家庭裁判所に一部分割を請求することができることを明らかにしました。

施行日　令和元年（2019年）7月1日

経過規定　施行日以後に開始した相続に適用

1　改正の背景

⑴　明文がないこと

　共同相続人の協議により，又は遺産分割調停において，当事者間で他の遺産と切り離して独立に分割する合意が成立している場合には，遺産の一部分割をすることが紛争の早期解決にとって有益とされ，一定の要件の下で一部分割が実際行われていました。しかし，一部分割が許容されるのか明文がなく，どのような場合許容されるのかについて明確ではありませんでした。

⑵　家事審判における必要性・許容性の要件

　明文はありませんが，遺産分割審判により一部分割を行う場合には，①遺産の一部を他の部分と分離して分割する合理的な理由があること（必要

性），②遺産の一部分割をすることによって，全体としての適正な分割を行うのに支障が生じないこと（許容性）を充足する必要があるとされていました。

(1) 趣　旨

　共同相続人は，遺産についての処分権限を持っており，遺産をいつどのように分けるかを自由に決めることができます。そこで，分割の対象となる残余財産が存在するが，共同相続人が現時点では残余財産の分割を希望していない等を理由として，遺産の一部を遺産の残りの部分から分離独立させて，確定的に分割することができます。

　そこで，改正法は，共同相続人の協議による遺産の一部分割が可能であることを明文化しました（907①）。

(2) 遺産の一部分割の対象となる場合

① 　共同相続人の協議による遺産の一部分割の場合（907①）。

② 　共同相続人が遺産の一部のみの分割を家庭裁判所に求める場合（907②本文）。

　②の場合は，共同相続人が遺産の一部のみの分割を家庭裁判所に申し立て，残余財産については家庭裁判所の審判の対象として係属しておらず，遺産の一部の分割が確定すれば，事件が全て終了するものです。

　このほかに，遺産全体が家庭裁判所の審判対象として係属しており，そのうち，家庭裁判所が遺産分割の一部について審判をするのに熟していると判断したときにする一部分割（家事法73②本文）がありますが，こちらは，本条の対象外です。

⑶　遺産の一部分割が認められない場合

　遺産の一部分割をすることにより他の共同相続人の利益を害するおそれがある場合には，遺産の一部分割を家庭裁判所に請求することは認められません（907②但書）。

　具体的には，特別受益の有無等，代償金，換価等の分割方法を検討した上で，最終的に適正な分割を達成しうるという明確な見通しが得られる場合に，一部分割が許容されるとされています（部会資料9回p5）。

> ### ☑ チェックポイント
>
> 　1．遺産の一部分割が可能であることが明文化されました。
> 　2．他の共同相続人の利益を害する恐れがある場合には，遺産の一部分割を家庭裁判所に請求することは認められません。

第5節
遺産分割前の処分と遺産の範囲

　相続開始後に共同相続人の一人が遺産に属する財産を処分した場合に，計算上生ずる不公平を是正する制度を設けます。

施行日　令和元年（2019年）7月1日

経過規定　施行日以後に開始した相続に適用

　　　　　　※第1章4(1)原則参照

1　改正の背景

(1)　遺産分割の対象となる財産と遺産分割前の処分

　遺産分割の対象となる「遺産」とは，以下の3つの要件を満たす財産です。

　①被相続人が所有し，②相続開始時に存在，かつ，③遺産分割時に現存しているプラスの財産とされています。

　そうすると，相続開始後，遺産分割前に遺産に属する財産が処分された場合には，この処分された財産は，「遺産」の範囲外となり，考慮されないことになります。

　この結果は，財産を処分した相続人とそうでない相続人との間に不公平をもたらします。

(2)　遺産分割前の処分が適法な場合

　例えば，特別受益があり具体的な相続分がない相続人が，遺産分割前に共有持分を処分した場合，処分された財産は遺産分割時に現存しないため遺産分割については考慮されません。

その結果，当該相続人は，共有持分を処分しなかった場合と比較してより多くの財産を取得することになり，他の相続人は本来相続できた額よりも少ない財産しか取得できないという不公平が生ずることになります。

(3)　遺産分割前の処分が違法な場合

例えば，共同相続人の内の一人が，遺産分割前に，被相続人と偽り，預貯金の払戻しをした場合，その払戻しが準占有者に対する弁済（478）として有効となると，その時点で預貯金債権は消滅し，遺産分割の時点では現存しないことになります。

これにより不利益を受けた共同相続人は，預貯金を払い戻した共同相続人に対して，不法行為に基づく損害賠償請求（709）や不当利得返還請求（704）をすることが考えられますが，遺産分割前の具体的相続分については権利性を欠く（最判平成12.2.24民集54巻 2 号523頁）こともあり，損害額を確定することが困難です。そうすると，遺産分割前に違法な処分がされた場合についても，違法な処分を行った者がその処分をしなかった場合と比較して，預貯金の払戻額相当の遺産分，より多くの財産を取得することになり，極めて不当な結果になります。

この点についても，改正前において法律上手当てが設けられていません。

〈参考〉相続開始後の共同相続人による財産処分について（改正前の制度）

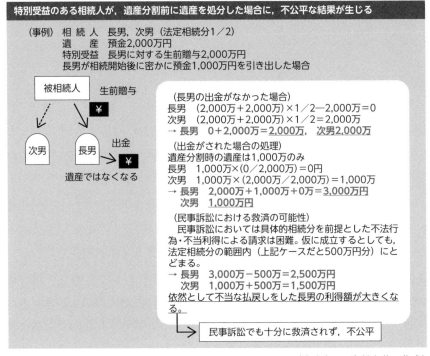

特別受益のある相続人が，遺産分割前に遺産を処分した場合に，不公平な結果が生じる

（事例）　相 続 人　長男，次男（法定相続分1／2）
遺　　産　預金2,000万円
特別受益　長男に対する生前贈与2,000万円
長男が相続開始後に密かに預金1,000万円を引き出した場合

（長男の出金がなかった場合）
長男　（2,000万＋2,000万）×1／2－2,000万＝0
次男　（2,000万＋2,000万）×1／2＝2,000万
→ 長男　0＋2,000万＝<u>2,000万</u>，次男<u>2,000万</u>

（出金がされた場合の処理）
遺産分割時の遺産は1,000万のみ
長男　1,000万×（0／2,000万）＝0円
次男　1,000万×（2,000万／2,000万）＝1,000万
→ 長男　2,000万＋1,000万＋0万＝<u>3,000万円</u>
　　次男　<u>1,000万</u>

（民事訴訟における救済の可能性）
　民事訴訟においては具体的相続分を前提とした不法行為・不当利得による請求は困難。仮に成立するとしても，法定相続分の範囲内（上記ケースだと500万円分）にとどまる。
→ 長男　3,000万－500万＝2,500万円
　　次男　1,000万＋500万＝1,500万円
<u>依然として不当な払戻しをした長男の利得額が大きくなる。</u>

民事訴訟でも十分に救済されず，不公平

（法務省 HP 資料を基に作成）

⑷　共同相続人の同意により遺産分割の対象財産とする取扱い

　上記⑵⑶のいずれの場合でも，仮に，処分された遺産に代わる代償財産を共同相続人が取得した場合には，代償財産を遺産分割の対象とすることで解決するとの解釈もありますが，代償財産は本来は相続財産ではありません。

　判例は，共同相続人全員の合意により遺産の対象である財産が処分された場合，処分財産は遺産の対象から外れ，各相続人は代償財産を相続財産ではなく固有の権利として取得する（最判昭和52.9.19判時868号29頁）としています。

　他方，判例は，遺産分割時には存在しない財産であっても，共同相続人が代償財産を遺産分割の対象とする合意をするなど特別の事情がある場合は，例外的にこれを遺産分割の対象とする旨の取扱いをしています（最判昭和54.2.22判タ395号56頁）。

2　改正法のポイント

　改正前における共同相続人間の不公平とこれに対する従来の判例・実務の取扱いを踏まえ，改正法は，遺産分割前に処分された財産について，共同相続人全員の同意を要件に，遺産分割時に遺産として存在しているとみなし，遺産分割手続の中で，共同相続人間の不公平を是正する規定を設けました（906の2）。

〈参考〉相続開始後の共同相続人による財産処分について
（改正法のメリット）

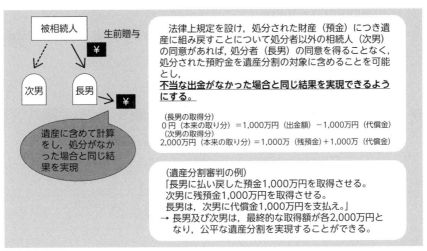

（法務省HP資料を基に作成）

(1)　遺産分割前の処分と遺産の範囲に関する内容

①　共同相続人全員と同意により遺産とする旨の明文化

　　共同相続人全員の同意を要件に，遺産分割前に遺産に属する財産が処分された場合であっても，共同相続人は，当該処分された財産が遺産分割時に遺産として存在するものとみなすことができるとの規定を新設しました（906の2①）。

②　共同相続人全員の同意が不要な場合

　　共同相続人の一人又は数人により遺産に属する財産が処分されたときは，当該処分をした共同相続人からは，①の同意を得ることは不要としました（906の2②）。

③　預貯金の一部払戻しの場合の明文化

　　遺産分割前に共同相続人に対する預貯金の一部払戻しに関する民法909条の2前段に基づき，預貯金が払い戻された場合には，その預貯金は，払戻しを受けた共同相続人が遺産の一部分割によりこれを取得したものとみなされます（909の2後段）。

④　③以外の預貯金の払戻し

　　③に該当しない預貯金の払戻しについては，当該預貯金が遺産分割時に遺産として存在しているものとみなされます（906の2）。

(2)　遺産分割前に遺産に属する財産が処分された場合の取扱いの要件

①　遺産分割前に処分された財産が，相続開始時に遺産に属していたこと

　　この改正法の取扱いの対象となるのは，相続開始時に遺産に属していた財産です。

　　つまり，①被相続人が所有し，②相続開始時に存在していたプラスの財産です。

　　相続開始前の預金引出し等の使途不明金の場合のように，相続開始前に

被相続人が所有していたが，相続開始時に存在しない財産は対象となりません。

②　①の財産が遺産分割前に処分されたこと

ア　「処分」の意味

　ここでいう処分は，預金払戻のように財産を法律上消滅させる行為のほか，財産を第三者に譲渡する行為，物理的に毀損・滅失させる行為も含みます。

イ　生前又は死後に被相続人の預貯金が払い戻された場合の取扱いについて

　本条の対象となるのは，相続開始後の払戻が問題となる場合です。

　この点，生前又は死後に被相続人の預貯金が払い戻されている場合に，その使途が不明であるという主張がなされることは遺産分割の調停等で多く見受けられるところです。

　遺産分割時点に存在しない預貯金は，本来，遺産分割の対象とはなりません。

　他方，共同相続人の一人又は数人が払戻しを認めた場合には，預貯金の払戻をした相続人を含む相続人全員の合意により，

ⅰ）払戻をした共同相続人が預貯金の全部又は一部を取得したものとして具体的相続分を算定する

ⅱ）払戻をした共同相続人が払い戻した預貯金である一定の現金を保管しているものとしてこれを遺産分割の対象とする，

ⅲ）払い戻した共同相続人に払戻しをした預金と同額の被相続人からの贈与があったとして特別受益として取り扱う

といういずれかの処理により相続人の不公平を解消しています。

　これに対し，共同相続人の一人又は数人が払戻しを認めない場合には，相続人全員の合意ができないため，本来に立ち戻り，現存する遺産のみを対象として遺産分割手続を進め，共同相続人間で誰がいくら払い

戻したかは，民事訴訟で確定するしかありません。

　遺産分割の調停・審判で当事者の合意がある場合に「遺産」として取扱うことができるとされている具体例を以下のとおり，一覧表にまとめました。

遺産に含まれるもの	調停，審判のいずれでも取扱い可能な財産	不動産（土地・建物），借地権
		現金・預貯金
		株式・国債・投資信託
	調停・審判で取り扱う場合に「相続人全員の合意」が必要な財産	貸金債権・立替金
		賃料債権
		不当利得・不法行為債権
		生前払い戻された預貯金　※1
		死後払い戻された預貯金　※2
本来は遺産ではないもの	「相続人全員の合意」により調停で取扱い可能な財産（審判は不可）	相続債務
		葬儀費用
		遺産管理費用

※1　「生前払い戻された預貯金」が「遺産」分割の対象となるのは，次の3つを満たす場合であり，それ以外は，民事訴訟で解決することになります。
　　①　払戻しをした者が誰かにつき争いがない。
　　②　払戻しをした者が払い戻した預貯金を自己の取得分として認めて争わない。
　　③　相続人全員が払い戻された預貯金を「遺産」分割の対象とすることに合意している。

※2　「死後に払い戻された預貯金」（906②又は909の2の場合）が「遺産」分割の対象となるのは，次の3つを満たす場合であり，それ以外は，民事訴訟で解決することになります。
　　①　払戻しをした者が誰かにつき争いがない。
　　②　払戻しをした者が払い戻した預貯金を自己の取得分として認めて争わない。
　　③　払戻しをした者以外の相続人について払い戻された預貯金を遺産分割の対象とすることに合意している。

ウ　第三者による処分も含む

　ここでいう処分は，共同相続人の一人又は数人による処分のほか，相続人でない第三者による処分も含みます。

　これは，第三者に対する損害賠償請求権や処分された財産に対する保険金請求権を遺産分割の対象とするために共同相続人全員の同意により処分された財産を遺産分割の対象とすることも考えられ，判例・実務上も，共同相続人全員の合意により代償財産を遺産分割の対象とするという取扱いがされていることも踏まえた結果です。

エ　遺産に属する財産が全て処分された場合は対象外

　この規定は，あくまで遺産分割をすることができる場合に処分された財産を遺産とみなすことができるという規定であるため，遺産分割前に遺産に属する財産が全て処分されて遺産分割の対象となる財産がない場合にはそもそも遺産分割が出来ない場合として，適用の対象外とされます。

③　共同相続人全員の同意があること

　共同相続人全員が（共同相続人の一人又は数人による処分の場合は①の財産を処分した共同相続人以外の共同相続人全員が），処分された財産を遺産分割の対象に含めることについて同意していること。

　ここでいう同意は，「処分された財産が誰によって処分されたか」についての同意ではありません。あくまで処分された財産が遺産分割時に存在しているものとみなすことについての同意です。また，一度された同意は撤回することはできません。

⑶　効　果

　処分された財産が遺産分割時に遺産として存在するものとみなすことができるという効果があります。

　なお，遺産として存在するものとみなされるのは，あくまで当該処分された財産であり，代償財産を，本規定により遺産とみなすことはできません。

　代償財産については，従来の判例（最判昭和54.2.22判タ395巻56頁）により，共同相続人が代償財産を遺産分割の対象とする合意をするなど特別の事情がある場合は，例外的にこれを遺産分割の対象とする旨の取扱いがされることになります。

☑ チェックポイント

1．相続開始後，遺産分割前の遺産に属する財産の処分が対象です。

2．共同相続人全員の同意を前提に，処分された財産が遺産分割時に遺産として存在しているとみなし，共同相続人間の不公平を是正する制度となっています。

3．共同相続人の一部が同意をしない場合には，処分された財産を除く現存する財産を遺産として，遺産分割手続を進めるほかはなく，財産の処分の有無やその内容について争いがある場合には，民事訴訟で解決するしかありません。

4．相続開始前の預金引出等の使途不明金の問題についての取扱いは，改正前と変更はありません。

第4章

遺言制度に関する見直し

第1節　自筆証書遺言の方式緩和

　自筆証書遺言について，自書によらない財産目録を添付する方式が認められることになり，方式が緩和されました。

施行日　平成31年（2019年）1月13日

経過規定　施行期日以後に作成された遺言に改正法が適用されます。
　　　　　　　施行期日より前に作成された遺言については，施行期日以後に相続が開始しても，改正前の法によります。

1　改正の背景

(1)　自筆証書遺言の自筆要件が要求されている理由

　自筆証書遺言とは，遺言者が遺言の全文，日付及び氏名を全て自分で書き（自書），押印して作成する方式の遺言です（968①）。

　自筆証書遺言は，他の方式の遺言と異なり，証人や立会人の立会いを要しないなど，最も簡易な方式の遺言ですが，それだけに偽造，変造の危険が最も大きく，遺言者の真意に出たものであるか否かをめぐって紛争の生じやすい遺言方式であるため，「自書」の要件は厳格な解釈が必要とされています（最判昭和62.10.8民集41巻7号1471頁）。

⑵　自筆証書の加除・訂正について

　特に，自筆証書中の加除・訂正は，遺言者が，その場所を指示し，これを変更した旨を付記して特にこれに署名し，かつ，その変更の場所に印を押さなければ，その効力を生じないとしていました。そのため，方式の不備により無効となるリスクも高くなります。

⑶　高齢者等や多数の財産を持つ人に負担

　民法改正前においては，パソコンで目録を作成したり，通帳のコピーを添付した財産目録の場合，いずれも，「自書」の方式を満たさず，無効とされていました。

　そのため，不動産や預貯金などの財産が多数ある場合に，その全てについてに自書しなければならないと，遺言者にとって相当な負担となり，自筆証書遺言の簡便性という利点を損ない，自筆証書遺言の利用促進が阻害されかねません。

○改正前の制度

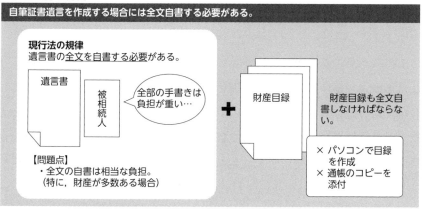

2　改正法のポイント

⑴　自書しない財産目録の添付による方式の許容

　改正法は，自筆証書にこれと一体のものとして相続財産の全部又は一部の目録を添付する場合には，その目録については自書を要しないこととしました（968②）。

①　財産目録に限り方式を緩和したこと

　財産目録に関する部分は，遺産の特定に必要な事項ですが，それ自体は形式的な記載に過ぎないので，自書を要求する必要性は本文の記載ほどは高くありません。そこで，遺言の利用を促進するため，財産目録を添付する方式に限り緩和することにしました。

　財産目録については，パソコンによる作成，代筆のほか，不動産の全部事項証明書や預貯金通帳のコピーを財産目録として添付した場合も，自筆証書遺言の方式としては有効です。

②　遺言書本文は自書が要求される

　ここで，注意しなければならないのは，改正法で認められるのは，「自書によらない相続財産の全部又は一部の目録の添付」に限られるという点です。

　1ページから成る遺言書の場合でも，その遺言書本文の中に自書の部分と自書によらない部分とを混在させることは認められません。すなわち，財産目録を添付するやり方ではなく，遺言書の本文中に相続する財産を記載する場合は遺言書本文の一部となりますので，財産を記載した部分のみワープロソフトにより作成することも認められず，方式不備で無効となります。

⑵　偽造・変造防止の措置

　パソコン等により作成した財産目録，不動産の全部事項証明書や通帳のコピーを財産目録として添付しただけでは，財産目録の差替え等による財産目録の偽造・変造が容易にできてしまいます。

　そこで，偽造等・変造防止のため，自書でない財産目録を添付する場合には，各ページに遺言者の署名押印をしなければなりません（968③）。目録の両面に自書によらない記載があるときには両面に遺言者の署名と押印が必要です（部会資料24－2 p21）。

　なお，遺言書本文に押印される印と財産目録に押印される印とは，同一のものでなくてもかまいません。遺言書と財産目録との間に契印を押す必要もありません。遺言者の署名により遺言の真正が担保されるためです。

〈参考〉自筆証書遺言による見直し

自筆証書遺言に関する見直し

○見直しのポイント

自筆証書遺言の方式緩和
　自筆証書に，パソコン等で作成した目録を添付したり，銀行通帳のコピーや不動産の登記事項証明書等を目録として添付したりして遺言を作成することができるようにする。

○改正後の制度

自書によらない財産目録を添付することができる。

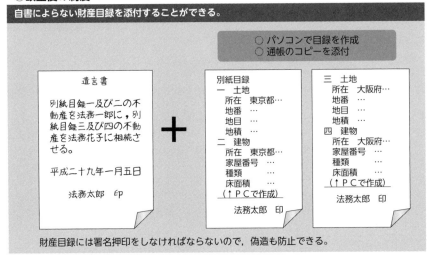

財産目録には署名押印をしなければならないので，偽造も防止できる。

（法務省 HP 資料を基に作成）

〈参考〉自筆証書遺言所の方式（全文自書）の緩和方策として考えられる例

1　遺言書本文（全て自書しなければならないものとする。）

遺　言　書

1　私は，私の所有する別紙目録第1記載の不動産を，長男甲野一郎
（昭和○年○月○日生）に相続させる。

2　私は，私の所有する別紙目録第2記載の預貯金を，次男甲野次郎
（昭和○年○月○日生）に相続させる。

3　私は，上記1及び2の財産以外の預貯金，有価証券その他一切の
財産を，妻甲野花子（昭和○年○月○日生）に相続させる。

4　私は，この遺言の遺言執行者として，次の者を指定する。
　　　住　　所　　○○県○○市○○町○丁目○番地○
　　　職　　業　　弁護士
　　　氏　　名　　丙山　太郎
　　　生年月日　　昭和○年○月○日

　　　平成31年4月12日

　　　　住所　東京都千代田区霞が関1丁目1番1号

　　　　　　甲　野　太　郎　㊞

2　別紙目録（署名部分以外は自書でなくてもよいものとする。）

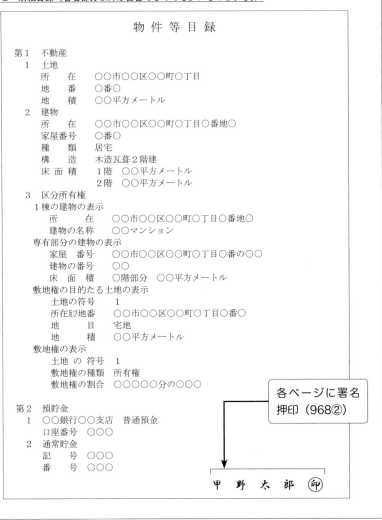

物　件　等　目　録

第1　不動産
　1　土地
　　　所　　　在　　　○○市○○区○○町○丁目
　　　地　　　番　　　○番
　　　地　　　積　　　○○平方メートル
　2　建物
　　　所　　　在　　　○○市○○区○○町○丁目○番地○
　　　家屋番号　　　○番○
　　　種　　　類　　　居宅
　　　構　　　造　　　木造瓦葺2階建
　　　床　面　積　　　1階　○○平方メートル
　　　　　　　　　　　2階　○○平方メートル
　3　区分所有権
　　　1棟の建物の表示
　　　　所　　　在　　　○○市○○区○○町○丁目○番地○
　　　　建物の名称　　　○○マンション
　　　専有部分の建物の表示
　　　　家屋　番号　　　○○市○○区○○町○丁目○番の○○
　　　　建物の番号　　　○○
　　　　床　面　積　　　○階部分　○○平方メートル
　　　敷地権の目的たる土地の表示
　　　　土地の符号　　　1
　　　　所在及地番　　　○○市○○区○○町○丁目○番○
　　　　地　　　目　　　宅地
　　　　地　　　積　　　○○平方メートル
　　　敷地権の表示
　　　　土地の符号　　　1
　　　　敷地権の種類　　所有権
　　　　敷地権の割合　　○○○○○分の○○○

第2　預貯金
　1　○○銀行○○支店　普通預金
　　　口座番号　○○○
　2　通常貯金
　　　記　　　号　○○○
　　　番　　　号　○○○

各ページに署名
押印（968②）

甲　野　太　郎　㊞

（法務省　平成28年6月21日「「民法（相続関係）等の改正に関する中間試案」の取りまとめ」参考資料を基に作成）

(3)　加除訂正の方法は改正前と同じ

　自筆証書遺言の財産目録の加除訂正の方法については，改正されていません（968③）。

　したがって，自書によらない目録についても，これまでと同様の方法により加除訂正をする必要があります。

①　財産目録の差し替えにより訂正する場合

　遺言書の本文には，「旧財産目録（別紙記載の土地）を新財産目録（別紙二記載の建物）に訂正する・改める」旨の訂正文言を自書します。

　その上で，目録を差し替えるときは，旧財産目録を除かずに添付したままでその全部について斜線を施す等して抹消し押印し，追加した新財産目録への押印がされ（「別紙二」と記載された箇所の横に押印），かつ，新たな財産目録の全てのページに遺言者の署名押印がされているのであれば，遺言の加除・訂正その他の変更として有効です。

〈参考〉財産の特定に必要な事項について自書によらない加除訂正を認める場合の例

遺　言　書

　　第一条　私は，私の所有する別紙記載の土地を，長男法務一郎（昭
　　　　　和三十年一月一日生）に相続させる。

　　第二条　私は，私の名義の全ての預貯金を，次男法務次郎（昭和三
　　　　　十三年六月一日生）に相続させる。

　　第三条　私は，この遺言の遺言執行者として，次の者を指定する。
　　　　　住　　　所　　東京都千代田区九段南一丁目一番十五号
　　　　　職　　　業　　弁護士
　　　　　氏　　　名　　東京　花子
　　　　　生年月日　　昭和五十年八月一日

平成二十九年七月十八日　
住所　東京都千代田区霞が関1丁目1番1号　
法　務　五　郎　㊞　

　　上記本文中の「別紙記載の土地」を「別紙二記載の建物」
　　と改める。
　　　　　法　務　五　郎

別紙

様式例・1

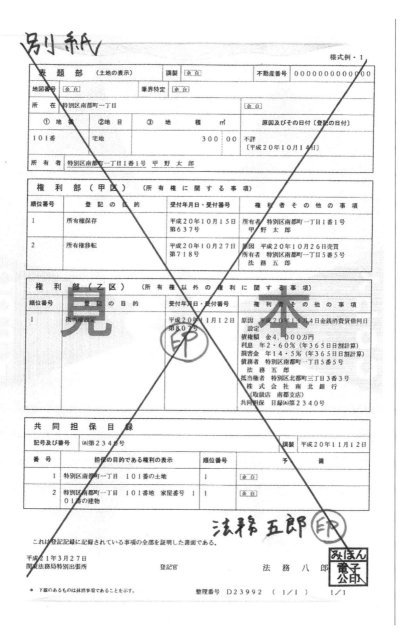

表　題　部　（土地の表示）	調製	余白		不動産番号	0000000000000

地図番号	余白		筆界特定	余白	

所　在	特別区南都町一丁目	|余白|

①　地　番	②地目	③　地　　積　　㎡	原因及びその日付〔登記の日付〕
101番	宅地	300：00	不詳 〔平成20年10月14日〕

所　有　者　特別区南都町一丁目1番1号　甲　野　太　郎

権　利　部　（甲区）　（所　有　権　に　関　す　る　事　項）			
順位番号	登　記　の　目　的	受付年月日・受付番号	権　利　者　そ　の　他　の　事　項
1	所有権保存	平成20年10月15日 第637号	所有者　特別区南都町一丁目1番1号 甲　野　太　郎
2	所有権移転	平成20年10月27日 第718号	原因　平成20年10月26日売買 所有者　特別区南都町一丁目5番5号 法　務　五　郎

権　利　部　（乙区）　（所　有　権　以　外　の　権　利　に　関　す　る　事　項）			
順位番号	登　記　の　目　的	受付年月日・受付番号	権　利　者　そ　の　他　の　事　項
1	抵当権設定	平成20年11月12日 第807号	原因　平成20年11月4日金銭消費貸借同日 設定 債権額　金4,000万円 利息　年2・60％（年365日割計算） 損害金　年14・5％（年365日割計算） 債務者　特別区南都町一丁目5番5号 法　務　五　郎 抵当権者　特別区北都町三丁目3番3号 株　式　会　社　南　北　銀　行 （取扱店　南都支店） 共同担保　目録㈹第2340号

共　同　担　保　目　録				
記号及び番号	㈹第2340号		調製	平成20年11月12日
番　号	担保の目的である権利の表示	順位番号	予　　備	
1	特別区南都町一丁目　101番の土地	1	余白	
2	特別区南都町一丁目　101番地　家屋番号1 1 01番の建物	1	余白	

これは登記記録に記録されている事項の全部を証明した書面である。

平成21年3月27日
関東法務局特別出張所

法　務　五　郎 ㊞

登記官　　　　　　　　法　務　八　郎

＊　下線のあるものは抹消事項であることを示す。

整理番号　D23992　（1／1）　　　1／1

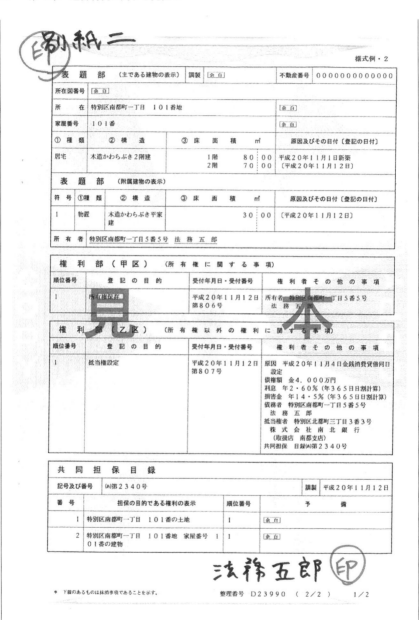

（法務省　法制審議会　民法（相続関係）部会平成29年７月18日参考資料より）

②　財産目録の差し替えではなく，既に添付されている財産目録に記載されている個別の箇所に変更を加える場合

　当該箇所に対する加除・訂正その他の変更それ自体は，自書による必要はありません。

　その上で，自書により変更箇所が指示され，そこに署名がされ，変更箇所に押印がされていれば，遺言の加除・訂正その他の変更としては有効とされています。

〈参考〉遺言書（サンプル）

遺言書

一　長女花子に，別紙一の不動産及び別紙二の預
　　金を相続させる。

二　長男一郎に，別紙三の不動産を相続させる。

三　東京和男に，別紙四の~~動産~~を遺贈する。
　　　　　　　　　　　　　株式㊞

　　　平成二十九年十二月十九日
　　　　　　　　　法　務　五　郎　　㊞

　　　上記三中，二字削除二字追加
　　　　　　　　　法　務　五　郎

別紙一

目　　録

一　所　　在　　東京都千代田区霞が関一丁目
　　地　　番　　〇番〇号
　　地　　目　　宅地
　　地　　積　　〇平方メートル

霞が関㊞

二　所　　在　　東京都千代田区九段南一丁目〇番〇号
　　家屋番号　　〇番〇
　　種　　類　　居宅
　　構　　造　　木造瓦葺2階建て
　　床 面 積　　1階　〇平方メートル
　　　　　　　　2階　〇平方メートル

法　務　五　郎　㊞

上記二中，三字削除三字追加
　　　　法　務　五　郎

別紙二

普通預金通帳　　　　　　　　　〇銀行
　　　　　　　　　　　　　　　　〇支店

お名前
　　法　務　五　郎　様

店番　　　　　　　　　口座番号
　〇〇　　　　　　　　　〇〇〇

※　通帳のコピー

法　務　五　郎　㊞

別紙三

様式例・1

表　題　部　（土地の表示）		調製	余白	不動産番号	0000000000000
地図番号	余白	筆界特定	余白		
所　在	特別区南都町一丁目			余白	

①　地　番	②　地　目	③　地　積　　㎡	原因及びその日付〔登記の日付〕
101番	宅地	300 00	不詳 〔平成20年10月14日〕

所　有　者	特別区南都町一丁目1番1号　甲　野　太　郎

権　利　部　（甲区）　（所　有　権　に　関　す　る　事　項）			
順位番号	登　記　の　目　的	受付年月日・受付番号	権　利　者　そ　の　他　の　事　項
1	所有権保存	平成20年10月15日 第637号	所有者　特別区南都町一丁目1番1号 　　　　甲　野　太　郎
2	所有権移転	平成20年10月27日 第718号	原因　平成20年10月26日売買 所有者　特別区南都町一丁目5番5号 　　　　法　務　五　郎

権　利　部　（乙区）　（所　有　権　以　外　の　権　利　に　関　す　る　事　項）			
順位番号	登　記　の　目　的	受付年月日・受付番号	権　利　者　そ　の　他　の　事　項
1	抵当権設定	平成20年11月12日 第807号	原因　平成20年11月14日金銭消費貸借同日 　　　設定 債権額　金4,000万円 利息　年2・60％（年365日割計算） 損害金　年14・5％（年365日割計算） 債務者　特別区南都町一丁目5番5号 　　　　法　務　五　郎 抵当権者　特別区北都町三丁目3番3号 　　　　株　式　会　社　南　北　銀　行 　　　　（取扱店　南都支店） 共同担保　目録㈹第2340号

共　同　担　保　目　録				
記号及び番号	㈹第2340号		調製	平成20年11月12日
番　　号	担保の目的である権利の表示	順位番号	予　　備	
1	特別区南都町一丁目　101番の土地	1	余白	
2	特別区南都町一丁目　101番地　家屋番号　1 01番の建物	1	余白	

法務五郎㊞

これは登記記録に記録されている事項の全部を証明した書面である。

平成21年3月27日
関東法務局特別出張所　　　　　登記官　　　　　　　法　務　八　郎

＊　下線のあるものは抹消事項であることを示す。　　　整理番号　D23992　（1/1　）　　1/1

別紙四

目　　録

私名義の株式会社法務組の株式　　１２０００株

法　務　五　郎　㊞

（法務省　法制審議会　民法（相続関係）部会平成29年12月12日参考資料より）

☑ チェックポイント

1. 方式が緩和された財産目録についての添付による利用について，
   ⑴ 不動産の全部事項証明書・通帳のコピーや，ワープロソフトによる作成も可能です。
   ⑵ 財産目録の各頁に遺言者の署名押印が必要です。
2. 方式が緩和されていないものに注意しましょう。
   ⑴ 遺言書本文の中に財産目録が含まれ一体となった遺言書
   ⑵ 遺言書本文の加除訂正の方法
   ⑶ 財産目録の加除訂正の方法
3. 改正法は，方式の改正のみで内容の有効性については影響がありません。遺言書を作成する前に，法律上有効性に問題がないか，登記できるか，実現可能なものかについては，これまで通り専門家に相談した方がよいでしょう。

第2節 自筆証書遺言の保管制度の創設

　自筆証書遺言の紛失，隠匿を防止し，自筆証書遺言の利用を促進するために，法務局における遺言書の保管等の制度（法務局における遺言書の保管等に関する法律）が創設されます。

施行日　令和2年（2020年）7月10日

1 改正の背景

　自筆証書遺言は，遺言者が，単独で，いつでも，どこでも作成することができ，費用が掛からない点が簡便ですが，その反面，旧行法下では，公正証書遺言と異なり，遺言書の原本を公的機関において保管するという制度がないことから，自筆証書遺言を作成しても，例えば，自宅の机の引出等の中に保管しておくといったことが多く，このため，紛失のリスク，悪意のある相続人による廃棄や偽造・変造のリスク，遺言書の存在を知らないまま遺産分割終了後に遺言書が発見されて相続人間で新たな紛争となる等のリスクがありました。

　また，自筆証書遺言は家庭裁判所の「検認」（1004①，家庭裁判所において自筆証書遺言の開封を行う手続のこと）という手続が必要とされています。また，封印のある遺言書は家庭裁判所において開封が予定されています。

　なお，法改正及び新制度創設後の自筆証書遺言と公正証書遺言の相違点は，以下のとおりです。

（参考）自筆証書遺言と公正証書遺言の違い

	自筆証書遺言	公正証書遺言
メリット	・思い立ったらその場で作成可能 ・費用がかからない ・証人が必要ない ・遺言の内容を秘密にすることができる	・公証人が作成するため，形式面での不備が問題となりにくい ・原本は公証役場で保管されるため，紛失や改ざんのおそれがない ・家庭裁判所の検認が不要
デメリット	・方式に従っていないと無効 ・内容を改ざんされるおそれがある ・紛失・隠匿のおそれがある ・遺言の有効性に関しトラブルになりやすい ・家庭裁判所の検認が必要 ※目録の自書要件緩和により遺言作成者の負担が比較的軽減化 ※自筆証書遺言の保管制度新設 ⇒・保管制度利用の遺言は検認不要 　・紛失，隠匿が防止できる 　・内容改ざんのリスクが減少	・費用がかかる ・証人 2 人以上の立会いが必要 ・証人を通じて遺言の内容が漏れる恐れがある ・公証人との打ち合わせが必要であるため，その場で作成できるわけではない

2 「法務局における遺言書の保管等に関する法律」のポイント

　以上の問題点に対処し，自筆証書遺言の利用促進を図るため，公的機関である法務局において自筆証書遺言を保管する制度が新たに創設されました。

　遺言を作成する側からすれば，遺言書の保管に関するリスクが減った分，自筆証書遺言と公正証書遺言とニーズに応じた選択利用が可能となり，遺言制度の利用促進につながることが期待されています。

〈参考〉法務局における自筆証書遺言の保管制度の創設

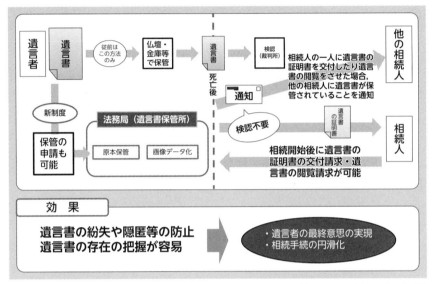

（法務省 HP 資料を基に作成）

(1)　自筆証書遺言を保管する機関

　自筆証書遺言を保管する公的機関は，法務大臣の指定する法務局であり，遺言書保管所と呼ばれています（遺言書保管法2）。

　法務局で保管する利点は，全国一律のサービスを提供できること，プライバシーを確保することができること，相続登記の促進に繋げることが可能であることとされています。

(2)　対象となる遺言

　遺言書保管所において保管の対象となるのは，自筆証書遺言（968）のみです（保管法1）。公正証書遺言（969）や秘密証書遺言（970）は含まれません。

⑶　自筆証書遺言の保管申請の方法及び申請先について

　自筆証書遺言の保管を申請する場合は，遺言者の住所地若しくは本籍地，又は遺言者が所有する不動産の所在地を管轄する法務局の遺言書保管官に対して，遺言書に添えて所定の記載事項を記載した申請書を所定の添付書類を添付して，申請します（保管法4③）。手数料は，政令により，1件につき3,900円と定められています（保管法12①一，手数料令1①）。

⑷　自筆証書遺言の保管の申請者

　遺言者以外の者の関与による遺言書の偽造・変造のリスクを防止するため，自筆証書遺言の保管を申請できる者は，自筆証書遺言を作成した遺言者本人に限定されています（保管法4①）。また，保管の申請は，遺言者自身が，法務局に出頭して行う必要があります（保管法4⑥）。

⑸　遺言書の保管の申請の却下理由

　遺言書の保管の申請が却下される場合が政令に定められました（保管令2）。遺言書保管官は，遺言書の保管の申請が遺言者以外の者による場合，遺言書が自筆証書遺言でない場合又は所定の様式に従って作成した無封のものでない場合，管轄以外の遺言保管所の遺言書保管官に対して申請された場合，申請書の記載事項又は添付資料に不備がある場合，遺言者が遺言保管所に自ら出頭しない場合，申請者が手数料を支払わない場合には，理由を付した決定により遺言書の保管の申請を却下します。

⑹　遺言書の保管方法

　法務局に保管の申請をすることができる遺言書は，自筆証書遺言であり，法務省令で定める様式に従って作成され，封をしていないものに限られます（保管法4②）。法務省令で定められた様式に従っていない遺言書

や，封緘されている遺言書は，対象外となります。

　遺言書の保管の申請がされたとき，法務局の遺言書保管官（保管法3）は，遺言が民法968条の定める方式（日付，署名押印等）に適合しているか外形的な確認をします。遺言書に加除・訂正がある場合は，その加除・訂正の方式についても外形的な確認をします。

　遺言書は，遺言書保管官が，その原本を遺言書保管所の施設内に保管すると共に，その遺言書に係る情報を磁気ディスク等に画像情報化して管理します（保管法6①，7①②柱書一）。災害等による滅失のおそれに対する対策です。

(7)　遺言者による保管の申請の撤回等について

　遺言者は，遺言書を保管している法務局（特定遺言書保管所）に対して，遺言書原本の返還と画像情報等の消去（「保管の申請の撤回」同法8①④）を請求することができます。この請求は，遺言者自身が法務局に出頭して行うことを要します（保管法8①③，5）。遺言書保管官は，遺言者が保管の申請を撤回したときは，その者の本人確認等を行った上で，遅滞なく保管している遺言書を返還するとともに，その遺言書に係る情報を消去しなければならないと定められています（保管法8③④）。

　遺言者が自筆証書遺言の保管制度を利用した場合でも，従前の民法上の遺言の撤回の方法をとることもできます。例えば，上述した遺言書原本の返還，画像情報等の消去によらずに作成された前の遺言の内容を撤回する遺言，前の遺言の内容と抵触する遺言その他の抵触行為による遺言の撤回をすることはできます。

(8)　遺言者の住所等の変更の届出

　遺言者は，保管の申請をした遺言書が遺言書保管所に保管されている場

合において，遺言者の住所に変更が生じた場合には，速やかに，その旨を遺言書保管官に届出をする必要があります（保管令3）。

(9)　遺言者による遺言書及び遺言書保管ファイルの記録の閲覧請求権

　遺言者は，遺言書保管官に対して，いつでも，当該遺言書のほか，保管の申請をした遺言書に係る遺言書保管ファイルに記載された事項を法務省令により定める方法により表示したものの閲覧の請求をすることができます（保管法6②③④，7③）。なお，遺言者がこの閲覧請求をする場合，特定遺言書保管所に自ら出頭して行わなければなりません。

　遺言書の閲覧を請求する場合の手数料は，1回につき，1,700円と定められています（保管法12①一，手数料令1②）。また，遺言書保管ファイルに記録された事項を法務省令で定める方法により表示したものの閲覧を請求する場合の手数料は，1回につき1,400円と定められています（保管法12①一，手数料令2①）。

(10)　遺言書・遺言書にかかる情報の保管期間

　遺言者が死亡した場合，遺言書保管所に保管されている遺言書及び遺言書の画像情報等の当該遺言書に係る情報は，廃棄・消去されるまで，遺言保管所において保管・管理されます（保管法6⑤，7③）。

　そもそも自筆証書遺言の保管制度は，遺言書保管所が保管する遺言書の原本を相続開始後も一定期間保管することを想定しており，相続開始後に，相続人・受遺者・遺言執行者に交付することはしません。そうしないと，交付を受けた者が自分にとって不都合な内容の遺言である場合に，遺言書を隠匿したり，変造したりするおそれがあるためです。

　遺言書・当該遺言書に係る情報の保管期間については，政令により具体的に定められました（保管令5）。これらは，遺言者が死亡してから何世

代かを経た相当長期間経過後に，遺産分割がされる場合を想定して規定されたものです。

①　遺言書の保管については，遺言者の死亡の日から50年を経過した日

②　遺言書に係る情報については，遺言者の死亡の日から150年を経過した日

③　①②について，遺言者の生死が明らかでない場合は，遺言者の出生の日から120年を経過した日

遺言保管官は上記期間経過後，保管している遺言書・遺言書に係る情報を廃棄・消去することができます。

⑴　遺言者以外の者の権利

①　関係相続人等の権利

保管法9条1項所定の者（以下「関係相続人等」といいます。）について，ア遺言書の閲覧請求権，イ遺言書情報証明書の交付請求権が認められています。

「関係相続人等」については，保管法9条1項のほか，保管令7条，同8条により請求権者となる関係相続人等の範囲が規定されています。典型例は，相続人（相続欠格者，廃除により相続権を失った者，相続放棄をした者も含みます。），受遺者・遺言執行者と遺言書に記載された者ですが，このほか，政令により国家公務員災害救助法，災害救助法施行令，警察官の職務に協力援助した者の災害給付に関する法律施行令等により遺族補償一時金，遺族給付一時金を受け取ることができる遺族のうち特に指定された者等となっています。

ア　遺言書の閲覧請求権

関係相続人等は，遺言者の死後に限り，遺言書を保管している法務局の遺言書執行官に対して，その遺言書の閲覧を請求することができます（保

管法 9 ③)。手数料は，政令により，1 回につき1,700円と定められています（保管法12①二，手数料令 1 ②)。

　遺言書保管官は，関係相続人等に閲覧をさせたときは，速やかに，相続人，受遺者，遺言執行者に対し，遺言を保管している旨を通知しなければなりません（保管法 9 ⑤)。旧法の自筆証書遺言の検認の手続の趣旨と同じく，他の相続人及び受遺者が遺言の存在を知る機会を確保するという趣旨です。

イ　遺言書情報証明書の交付請求権

　関係相続人等は，遺言者の死後に限り，遺言書を保管している法務局の遺言書保管官に対して，当該遺言に係る遺言書保管ファイルに記録されている事項を証明した書面（遺言書情報証明書）の交付を請求することができます（保管法 9 ①)。

　なお，遺言書情報証明書の交付請求は，法務大臣の指定する全ての法務局の遺言書保管官に対しても請求することができますので，遺言書を保管している遺言書保管所以外の遺言保管所の遺言書保管官に対しても交付請求をすることができます（保管法 9 ②)。手数料は，政令により，1 通につき1,400円と定められています（保管法12①三，手数料令 1 ③)。

　遺言書保管官は，遺言書情報証明書の交付をしたときは，速やかに相続人，受遺者，遺言執行者に対し，遺言を保管している旨を通知しなければなりません（保管法 9 ⑤)。

　遺言書情報証明書で明らかになるのは，交付請求において遺言者として特定された者について，自己が相続人，受遺者，遺言執行者などの関係相続人等に該当する遺言書が遺言保管所に保管されているか否かという点です。

②　遺言書保管事実証明書の交付請求権

　何人も，遺言者の死亡後に限り，遺言書保管官に対し，遺言書保管事実

証明書の交付を求めることができます（保管法10）。遺言書保管事実証明書とは，（ⅰ）遺言書保管所における関係遺言書の保管の有無，（ⅱ）当該関係遺言書が保管されている場合には遺言書ファイルに記録されている画像等のうち遺言書の作成年月日に係る部分，遺言書が保管されている遺言保管所の名称及び保管番号を証明する文書です。この証明書が交付されるのは，遺言者として特定された者が作成した遺言書が遺言書保管所に保管されており，かつその遺言書が請求者にとって自己が相続人・受遺者・遺言執行者等の関係相続人に該当する遺言書である場合に限られます。それ以外の場合は，遺言書が保管されていない旨の遺言書保管事実証明書が交付されます。手数料は，政令により，1通につき800円と定められています（保管法12①三，手数料令1④）。

⑿　遺言書の保管申請書等の閲覧に関する規定

　遺言者は，特別の事由があるときは，遺言書保管官に対し，遺言書の保管の申請にかかる申請書又はその添付書類等の閲覧の請求をすることができます（保管令10①②）。

　遺言者の相続人等は，当該遺言者が死亡している場合において，特別の事由があるときは，遺言書保管官に対し，遺言書の保管の申請に係る申請書又はその添付書類等の閲覧の請求をすることができます（保管令10③④）。

　いずれの場合についても，手数料は，政令により，一の申請に関する申請書又は一の撤回に関する撤回書等につき1,700円と定められています（保管法12①一，手数料令2②）。

⒀　検認が不要であること

　自筆証書遺言の保管制度により保管されている自筆証書遺言については，検認（民法1004①）の規定は適用されません（保管法11）。

　自筆証書遺言の保管制度により遺言を保管する場合には，遺言書の内容を画像データにしたものを別途保管するため，相続開始後に遺言書の状態を確定する検認手続の必要性はないと考えられたことによります。

⒁　遺言無効との関係

　遺言を作成する前提としての遺言能力等については，今回の改正により影響はないため，引き続き，遺言能力や遺言の偽造・変造による遺言無効の問題は，地方裁判所に遺言無効確認の訴えを提起して解決を図ることになる点は従前と同様です。

☑ チェックポイント

1．この制度創設により，遺言書の紛失・隠匿の防止，内容の改ざんのリスク減少，遺言書の存在の把握が容易になり，自筆証書遺言の利用が促進されることが期待されています。

2．自筆証書により，いつでも，どこでも遺言書が作成できる反面，遺言の作成能力や遺言の内容・方式の有効性には注意が必要です。

遺贈義務者の引渡義務等

　平成29年に改正された民法551条1項に準じて，遺贈義務者の引渡義務の内容が改正され，相続開始の時（不特定物については特定の時）の状態で引渡し，又は移転する義務を負うこととされ，規定が整理されました。

施行日　民法の一部を改正する法律（平成29年法律第44）の施行期日
　　　　　令和2年（2020年）4月1日

経過規定　施行日前になされた遺贈に係る遺贈義務者の引渡義務については従前の例によります。旧法1000条は，民法の一部を改正する法律の施行日前になされた遺贈について適用されます。

1　改正の背景

(1)　旧法998条・旧法1000条について

　旧法998条は，不特定物の遺贈について遺贈義務者の追完義務を定めていました。

　また旧法1000条は，「遺贈の目的である物又は権利が遺言者の死亡時に第三者の権利の目的であるときは，受遺者は，遺贈義務者に対しその権利を消滅させるべき旨を請求することができない。」と規定し，遺贈義務者は第三者の権利を消滅させる義務を負わない旨規定していました。

(2) 贈与に関する債権法改正

　債権法改正により，贈与に関する551条1項が改正され，「贈与者は，贈与の目的である物又は権利，贈与の目的として特定した時の状態で引渡し，又は移転することを約したものと推定する。」と規定されました。

　遺贈の規定についても，上記改正に対応して改正することとなりました。

2　改正法のポイント

(1)　改正法998条の趣旨

　同条は，債権法改正により贈与の規定（551①）が改正されたことに対応して，「遺贈義務者は，遺贈の目的である物又は権利を，相続開始時（その後に当該物又は権利について遺贈の目的として特定した場合にあっては，その特定した時）の状態で引渡し，又は移転する義務を負う。ただし，遺言者がその遺言に別段の意思を表示した場合は，その意思に従う。」と改正しました。

　同条但書によると，遺贈の場合別段の意思表示は遺言によってすべきことが記載されていますが，遺言者の意思を巡るトラブルを防止する趣旨です。

(2)　旧法1000条の削除

　同条の内容は，改正法998条の規定の内容に含まれるため，削除されました。

(3)　他人物遺贈のその他の規定について

　他人の特定物を目的とする遺贈については，原則として効力を有しませんが，あえて他人物を遺贈の目的とした場合には有効とされています

(996但書)。また，他人物遺贈が有効な場合は，その権利を取得して受遺者に移転する義務を負うこととされています（997①）。これらの規定については，今回の改正でも変更はありません。

第4節 遺言執行者の一般的権限の明確化

　今回の改正では，判例の明文化を含め，遺言執行者の権限を明確にすることによって，遺言執行者の権限に関する紛争を予防し，それにより，遺言の紛争予防機能のより一層の効果が発揮されるようにしています。

施行日　令和元年（2019年）7月1日

経過規定

① 遺言内容の通知（改正法1007②），遺言執行者の権利義務については，施行日前に開始した相続に関し，施行期日以後に遺言執行者に就任した者にも適用されます。

② その他は，施行日以後に開始した相続に適用されます。

1 改正の背景

⑴ 遺言執行者の意義と権限の範囲

　遺言執行者とは，遺言者に代わり，遺言の内容を実現するため必要な事務処理を行う者です。

　改正前においては「遺言執行者は，相続財産の管理その他遺言の執行に必要な一切の行為をする権利義務を有する。」という抽象的な規定（旧法1012）が置かれているだけであり，具体的な権限の範囲が，規定上不明確でした。

⑵　**遺言執行者の行為の効果について**

　また，遺言執行者は，遺言者の意思に忠実に，遺言の内容を実現することをその職務としています。改正前は，「遺言執行者は相続人の代理人とみなす」（旧法1015）と規定しており，遺言者の意思と相続人の意思が対立する場合に，相続人の利益のために職務を行うとの誤解が生ずるおそれがあり，それにより，遺言の円滑な執行が困難になるとの指摘がされていました。

2　改正法のポイント

遺言執行者の内容	改正前	改正後
責務及び権限の範囲	1012①「相続財産の管理その他遺言の執行に必要な一切の行為をする権利義務を有する。」 ⇒遺言執行行為の内容が不明確	1012①「<u>遺言の内容を実現するため，</u>相続財産の管理（以下改正前の文言と同じ）。」 ⇒「遺言内容の実現」と明示
遺言執行行為の効果	1015「遺言執行者は相続人の代理人とみなす。」 ⇒行為の効果が誰に帰属するのか不明確。遺言者の意思と他の相続人の利益が対立する場合に困難な問題。	1015「遺言執行者がその権限内において遺言執行者であることを示してした行為は，相続人に対し直接にその効力を有する。」 ⇒遺言執行者の名において行った遺言執行行為の効果は相続人に直接帰属することを明記。
任務の開始・通知	1007「遺言執行者が，就職を承諾したときは，直ちにその任務を開始しなければならない。」 ⇒相続人へ遺言内容の開示や就任の通知義務の規定がなく，相続人とトラブルが生じやすい。	1007①　改正前の1007に同じ。 1007②　相続人への通知の新設。「遺言執行者は，その任務を開始したときは，遅滞なく，遺言の内容を相続人に通知しなければならない。」

(1)　遺言執行者の責務

　改正法は，遺言執行者の責務に関する規定（1012①）に「遺言の内容を実現するために」との文言を追加し，遺言執行者の目的・義務執行の方向性について，相続人の利益を実現するのではなく，遺言者の最終意思である遺言内容を実現することであると明確にしています。

　もっとも，遺言執行者がなしうる具体的な行為の範囲については，遺言の内容によることになりますので，従来の判例や先例を事案毎に参考にして検討するほかありません。この意味で，特定財産承継遺言に関する点を除けば，改正法はこれまでの解釈を変更するものではありません。遺言執行者の具体的な権限は第 5 節，遺言執行者がいる場合の相続人の行為の効力は第 6 章を参照ください。

(2)　遺言執行者の行為の効果

　改正法は，遺言執行者の行為の効果について，「遺言執行者がその権限内において遺言執行者であることを示してした行為は，相続人に対して直接にその効力を生ずる」とし，遺言執行者の行為の効果が相続人に対して直接生ずるとしました（1015）。

(3)　相続人への遺言内容の通知義務

　遺言執行者は，就職を承諾したときは，直ちにその任務を開始しなければならないこと（1007①），相続財産の目録の作成及び相続人への交付義務があること（1011①）は改正前後で変更はありません。

　遺言の内容を相続人に通知する義務についての規定は，改正前はありませんでした。

　相続人は，遺言の内容や遺言執行者の有無につき重大な利害関係を持つことになります。

　そこで，遺言執行者が，任務を開始したときには，遅滞なく，遺言の内容を相続人に通知する義務を負う旨を定めました（1007②）。

☑ **チェックポイント**

1．施行日（令和元年7月1日）以前に開始した相続についても，施行日以降に遺言執行者に選任された場合，相続人に対する任務開始・遺言内容の通知を忘れないようにしましょう。
2．遺言執行行為の内容・効果が明確になったことにより，遺言執行者と相続人との間のトラブルを防止できます。

第5節 遺言執行者の特定財産に対する権限の明確化

　特定遺贈，不動産と債権に関する「相続させる遺言」（特定財産承継遺言）についての遺言執行者の権限について，個別規定を設け，その権限を明確化しました。

施行日　令和元年（2019年）7月1日

経過規定　特定財産承継遺言の執行に関する改正法1014条2項ないし4項は，施行期日前にされた特定の財産に関する遺言に係る遺言執行には適用されません。したがって，施行期日後に相続が開始した場合であっても，遺言が施行期日以前に作成されたときには適用されません。

1 改正の背景

　改正前においては，遺言執行者の権限につき，「遺言執行者は，相続財産の管理その他遺言の執行に必要な一切の行為をする権限を有する」（1012①）との抽象的な規定を置くのみであり，遺言執行者の具体的な権限は遺言の内容によることになります。しかし，遺言の記載内容だけからは必ずしも，遺言執行者の権限が明確であるとはいえませんでした。

　なお，遺贈義務者は遺贈の履行をする義務を負う旨の規定がありますが（987），遺贈義務者と遺言執行者の各権限の関係が不明確でした。

2　改正法のポイント

(1)　特定遺贈の場合の明文化

　遺言執行者がある場合には，遺贈の履行は遺言執行者のみが行うことができると規定されました（1012②）。

　ここにいう「遺贈」とは，包括遺贈及び特定遺贈の双方が含まれます。

　この規定は，遺贈義務の履行を相続人と遺言執行者のいずれがなすべきかを定めた規定であり，遺言執行者がいる場合には，受遺者は遺言執行者に対して遺贈義務の履行を請求することになり，共同相続人は遺贈の執行義務を負わないということになるに過ぎません。したがって，例えば，預貯金債権の債務者が遺贈による債権譲渡を承諾して受遺者に直接弁済することは妨げられません。

(2)　特定財産承継遺言の場合

　特定財産承継遺言（「特定の遺産を特定の相続人に相続させる」旨の遺言）がされた場合には，遺言執行者は，原則として，対抗要件の具備に必要な行為をする権限や，預貯金債権についての払戻し・解約をする権限を有します（1014②〜④）。

　なお，本条の規定は，遺贈には適用されません。

　特定財産承継遺言については，遺産分割方法の指定であり，被相続人の死亡により直ちにその特定財産が特定の相続人に相続により承継され（最判平成3.4.19民集45巻4号477頁），遺言執行者の執行の余地はないものと考えられてきました。

　しかし，今回の改正により，特定財産承継遺言についても取引安全を図るため，法定相続分を超える権利の承継については対抗要件を具備しなければ第三者に対抗できなくなりました（899の2）。そこで，対抗要件の具

備を遺言執行者の権限とする規定が新設されました（1014②）。その結果，遺言執行者が単独で相続による権利の移転登記の申請をすることも可能となりました。

　なお，特定財産承継遺言により特定の遺産を取得した相続人もまた単独で相続による権利移転の登記を申請することが可能であることは，改正前と変更はありません。

　遺言者が遺言執行者に対抗要件の具備や目的物の引渡しをすべき義務を負わせる場合には，遺言に別段の意思を表示しておくことが必要です（1014④）。

(3)　預貯金の場合の特定財産承継遺言

　改正法は，預貯金債権が特定財産承継遺言の対象となった場合，遺言執行者は対抗要件を具備する権限（1014②，899の２②）だけでなく，預貯金の払戻し及び解約申入を行う権限を持つことを明文で規定しており（1014③本文），遺言執行者の業務執行と金融機関の事務処理上のトラブルをある程度防止することが期待されています。

　遺言執行者の預貯金契約の解約・払戻し権限については，預貯金債権の全部が特定財産承継遺言の目的となっている場合に限定されます（1014③但書）。

　なぜなら，預貯金債権の一部が特定財産承継遺言の目的となっている場合に，遺言執行者に預貯金契約の解約を認め預貯金全部の払戻しを認めると，他の相続人の利益を害するおそれがあるためです。

　なお，本条は預貯金債権以外の他の金融商品に関しては規定していませんので，その他の金融商品について遺言執行者が解約・払戻し権限を有するか否かは解釈に委ねられますが，遺言者が遺言執行者の金融商品に関する解約・払戻し権限を遺言により規定することはできます。

⑷　遺言執行者の権限の内容のまとめ

　以上のほか，改正前からの遺言執行の取扱いには変更はありません。

　改正前の取扱いのほか，改正後に変更された部分も含め，以下のとおり，整理します。

① 遺言執行者のみが執行できる事項	ア　認知（781） イ　推定相続人の廃除・取消（893,894②）
② 遺言執行者又は相続人が執行できる事項	ア　遺贈（964） 　遺言執行者が選任されている場合には，遺言執行者のみが遺贈の履行を行いうる（1012②） イ　特定承継遺言の対抗要件具備（1014） 　遺言執行者は，対抗要件具備に必要な行為（1014②），預貯金債権の払戻，解約権限（1014③）を有する ウ　祖先の祭祀主催者の指定（897①但書）
③ 遺言執行が不要な行為	ア　未成年者後見人の指定（839） イ　未成年者後見監督人の指定（848） ウ　相続分の指定（902） エ　特別受益の持戻しの免除（903③） オ　遺産分割方法の指定（908） カ　遺産分割の禁止（908） キ　遺言執行者の指定（1006①） ク　受遺者・受贈者の遺留分侵害額負担割合の指定（1047①二但書）

☑ チェックポイント

　1．遺贈の履行は遺言執行者のみが行うことができます。

　2．遺言執行者も単独で相続による権利の移転登記の申請が可能となりました。

　3．施行日以降に作成された預貯金の全部に関する特定財産承継遺言の執行については，預貯金の名義変更の通知のほか，預貯金の

払戻や解約申入も可能であることが規定され，事務処理上のトラブルが減少することが期待されています。

4．預貯金の一部や預貯金以外の金融商品が遺言の目的の場合，遺言者が当該目的に関し，遺言執行者の解約・払戻権限を遺言で規定することにより，払戻や解約申入に関するトラブルを回避できます。

第6節

遺言執行者の復任権

施行日　令和元年（2019年）7月1日

経過規定　施行期日前になされた遺言による遺言執行者の復任権については，改正法1016条は適用されず，改正前の1016条が適用されます。

1　改正の背景

　改正前においては，遺言執行者は法定代理人であるところ，遺言者との信頼関係に基づき選任される意味において，任意代理人に近い面があるとして，遺言者がその遺言に反対の意思を表示した場合を除き，やむを得ない事由がなければ第三者にその任務を行わせることができない（旧法1016①）とされてきました。

　しかし，そのように解すると，遺言により指定された遺言執行者に十分な法律知識がない場合や，遺言執行者が相続人の中から選任されて他の相続人との関係では利益相反の関係に立ち職務執行が適切でない場合であっても，復代理人の選任をすることが困難となります。これらの場合，相続人全員の同意を得た上で任務代行者を選任することになりますが，実際上全員の同意を得ることは困難であり，復任の自由を認める必要性が高いといえます。

2　改正法のポイント

(1)　復代理人選任事由の拡大

　改正法は，遺言執行者はやむを得ない事由がなくとも，自己の責任で，復代理人を選任できるとしています（1016①）。遺言者が遺言で別段の意思表示をした場合はその意思に従う旨の規定は，改正前と同じです（1016①但書）。

　また，復代理人を選任するのにやむを得ない事由がある場合は，遺言執行者の責任を軽減し，相続人に対してその選任及び監督についてのみ責任を負うとされています（1016②）。

　この改正により，遺言執行者は，他の法定代理人の場合と同様の要件で復任権を有し，復任権を行使した場合には，他の法定代理人と同様の責任を負うことになりました。

　改正の趣旨は，委任者である遺言者が死亡しているため，任意代理よりも復任の自由を認める必要性が高いこと，また，遺言の内容によっては，職務の内容が広範に及ぶことがあるということによります。

　遺言執行者の復代理人を選任できる場合について，改正前と改正後の取扱いを整理すると次の通りです。

改正前	改正後
	1016①　自己の責任で選任できる
1016①　やむを得ない事由の場合にのみ選任できる	1016②　やむを得ない事由の場合の選任は，責任が軽減され，選任・監督についてのみ責任を負う

第 5 章

遺留分制度に関する見直し

　遺留分制度について，遺留分侵害行為の効力を否定し，対象財産につき，受遺者・受贈者と遺留分権利者との複雑な共有関係が生ずるという改正前の規律を見直し，改正法では，遺留分侵害額の請求権の行使によって遺留分侵害額に相当する金銭の支払債権が生ずるものと改めました。

施行日　令和元年（2019年）7月1日

経過規定　施行日以後に開始した相続に適用

　　　　　　※第1章4⑴原則参照

1　改正の背景

⑴　権利移転が無効になり複雑な共有状態が発生

　改正前は，遺留分減殺請求権を行使すると，遺贈ないし贈与された財産のうち遺留分を侵害する権利移転の効力が否定され，遺贈ないしは贈与された財産は，受遺者又は受贈者と遺留分権利者との共有となっていました。この遺留分減殺請求権の行使によって生ずる共有割合は，目的財産の評価額等を基準に決まるため，通常は，分母・分子とも極めて大きな数字となり，持分権の処分に支障が出るおそれがあります。特に，相続財産が事業資産の場合，遺留分減殺請求権が行使されると事業承継に支障が出ることが，かねてから指摘されていました。

⑵　計算方法が条文上不明確

　改正前は，条文上から遺留分や遺留分侵害額の計算方法が明確ではありませんでした。また，遺留分を算定するための財産の価格」に算入すべき贈与の価額について，相続開始前の1年間の贈与に限定するという規定（改正前1030）が，判例・実務上は相続人に対する贈与については期間の制限はない旨（最判平成10.3.24民集52巻2号433頁）修正されており，実務

との間に齟齬を生じていました。

2 改正法のポイント

⑴ 遺留分の効力及び法的性質の見直し

① 権利移転は有効とし，法律関係を簡明化

遺留分権利者が，遺留分侵害額請求権の行使をすることにより，遺留分侵害の原因となった遺贈や贈与の効力は有効としたままで，受遺者や受贈者に対して，遺留分侵害に相当する金銭の支払請求権が発生すると規定されました（1046①）。これにより，改正前民法のような遺留分減殺請求権の行使により複雑な共有関係が生ずるという状態を回避でき，また，遺贈や贈与の目的財産を受遺者等に与えたいという遺言者の意思を尊重できるという利点があります。

② 遺留分や遺留分侵害額の算定方法を明文化

改正法では，遺留分，遺留分侵害請求権の計算方法を明文化しました。

また，遺留分の法的性質の見直しに伴い，「減殺」という用語は廃止し，「遺留分侵害額の請求権」という用語に改めています。

③ 遺留分義務者の支払資金調達への配慮

遺留分侵害額に相当する金銭の支払請求の全部又は一部の支払について，裁判所が相当の期間を許与することが認められました（1047⑤）。裁判所が遺留分義務者の支払について相当の期間を許与することにより，遺留分義務者は，金銭請求を受けた時点から履行遅滞となるのではなく，許与した期限を経過したときに履行遅滞となり，遅延損害金の支払義務を負います。

④ 遺留分侵害額請求権の行使により発生した金銭債権の時効と債権法改正

　遺留分侵害額請求権の行使期間は，今回の相続法改正で改正されていませんので，相続法改正の影響は受けません。

　なお，遺留分侵害額請求権の行使により発生した金銭債権の消滅時効については，債権法改正の影響を受けます。債権法改正以後に，遺留分侵害額請求権の行使により発生した債権の消滅時効期間は，10年ではなく 5 年となります（改正法166①一）。

〈参考〉遺留分制度の見直し

遺留分制度の見直し

1．見直しのポイント

① 遺留分減殺請求権から生ずる権利を**金銭債権化**する。

② 金銭を直ちには準備できない受遺者又は受贈者の利益を図るため，受遺者等の請求により，裁判所が，金銭債務の全部又は一部の支払につき相当の期限を許与することができるようにする。

2．改正前の制度

① 遺留分減殺請求権の行使によって共有状態が生ずる。
 ← 事業承継の支障となっているという指摘

② 遺留分減殺請求権の行使によって生じる共有割合は，目的財産の評価額等を基準に決まるため，通常は，分母・分子とも極めて大きな数字となる。
 ← 持分権の処分に支障が出るおそれ

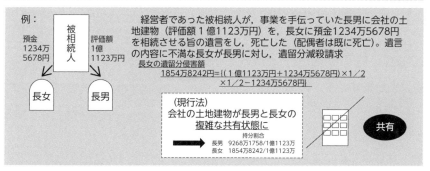

例：経営者であった被相続人が，事業を手伝っていた長男に会社の土地建物（評価額1億1123万円）を，長女に預金1234万5678円を相続させる旨の遺言をし，死亡した（配偶者は既に死亡）。遺言の内容に不満な長女が長男に対し，遺留分減殺請求

長女の遺留分侵害額
1854万8242円＝｛（1億1123万円＋1234万5678円）×1／2×1／2－1234万5678円｝

（現行法）
会社の土地建物が長男と長女の複雑な共有状態に

持分割合
長男　9268万1758／1億1123万
長女　1854万8242／1億1123万

共有

3．改正後の制度

① 遺留分減殺請求権の行使により**共有関係が当然に生ずることを回避**することができる。
② 遺贈や贈与の目的財産を受遺者等に与えたいという**遺言者の意思を尊重**することができる。

（改正後）
遺留分減殺請求によって生ずる権利は**金銭債権**となる。
同じ事例では，長女は長男に対し，
  1854万8242円　請求できる。

金銭請求
長女 → 長男

（法務省 HP 資料を基に作成）

(2) 遺留分額の計算方法について

　遺留分は，遺留分を算定するための財産の額に遺留分の割合を乗じて計算します。

```
遺留分 ＝ 遺留分を算定するための財産の価額（1043）
　　　　×  総体的遺留分の割合（1042①）
　　　　×  法定相続分の割合（1042②）
```

① 遺留分の帰属と割合（1042）

　　ⅰ）直系尊属のみが相続人の場合は，被相続人の財産の3分の1が遺留分です。

　　ⅱ）直系尊属以外の者が相続人に含まれる場合は，被相続人の財産の2分の1が遺留分です。

　「遺留分制度の見直し」の例では，相続人が長女と長男であり，上記ⅱ）に該当します。

　したがって，長男と長女の遺留分の割合は，それぞれ2分の1ということになります。

② 遺留分を算定するための財産の価額の算定方法（1043）

　算定方法は，以下のとおりとなります。

```
遺留分を算定するための財産の価額
＝ 相続開始時に被相続人が有していた積極財産の価額
　＋ 相続人への生前贈与の価額（原則：相続開始前10年以内かつ特別受益に当たる場合）
　＋ 第三者への生前贈与の価額（原則：相続開始前1年以内の場合）
　－ 被相続人の遺産債務の額
```

ア　相続開始時に被相続人が有していた財産の価額

相続開始時に被相続人が有していた積極財産を意味し，遺贈財産も含まれます（1043①）。

「遺留分の見直し」の例で，被相続人が長男に会社の土地建物を，長女に預金を相続させる旨の遺言をしていますが，これらの評価額の合計が「相続開始時に被相続人が有していた財産の価額」に含まれます。

また，死因贈与（554）は，ここでは，遺贈として取り扱われます。

イ　相続人への贈与の価額

原則は，以下のⅰ）とⅱ）を満たすことが必要です。例外は，ⅲ）です。ⅳ）は，ここで問題となる「贈与」の説明です。

ⅰ）原則その１：相続開始前の10年間になされたものに限定

改正前は，判例・実務上，遺留分を算定するための財産の価額の基礎とする相続人の生前贈与に期間の限定はなく，全ての生前贈与が含まれるとされていましたが，相続人相互の公平を維持するという観点と，相続開始時点よりもかなり以前に贈与を受けた相続人以外の者の地位の法的安定性を図るという観点から，改正法は，相続開始から10年間になされた生前贈与に限定しました（1044③①）。

ⅱ）原則その２：特別受益に当たる贈与に限定

相続人に対する贈与については，特別受益（婚姻若しくは養子縁組のため又は生計の資本として受けた贈与）と評価される価額に限り，遺留分を算定するための財産の価額に含まれます（1044③①）。生計の資本としての贈与には，居住用の不動産の贈与やその取得費用の贈与，営業資金の贈与，生計の基礎として役立つような財産上の給与が含まれます。

ⅲ）例外：遺留分権利者に損害を加えることを知ってした贈与

被相続人と相続人双方が遺留分権利者に損害を加えることを知って

贈与をした場合には，10年前の日よりも前にされた贈与についても，遺留分を算定するための財産の価額に含まれます（1044①後段）。

iv）原則と例外共通：「贈与」の意味について

ここでいう「贈与」とは，全ての無償処分（無償での債務免除や担保提供等）をいいます。

負担付贈与の場合は，贈与財産の価額から負担の価額を差し引いた額を贈与した財産の価額とし，計算方法を明確にしました（1045①）。

不相当な対価をもってした有償行為（1045②）は，当事者双方が遺留分権利者に損害を加えることを知ってしたものに限り，当該対価を負担の価額とする負担付贈与とみなすと規定しています。したがって，対象となる財産の価額から，不相当な対価を控除した額が「贈与した財産の価額」となります。

ウ　第三者に対する贈与について

ⅰ）原則：相続開始前の1年間になされたものに限定

相続開始前の1年間になされたものに限定されます（1044①）。

ⅱ）例外：遺留分権利者に損害を加えることを知ってした贈与

被相続人と受遺者双方が遺留分権利者に損害を加えることを知って贈与をした場合には，1年前の日よりも前にされた贈与についても，遺留分を算定するための財産の価額に含まれます。

ⅲ）「贈与」の意味

第三者に対する贈与についても，イ iv）で述べた内容がそのまま当てはまります。

エ　遺留分権利者が承継する債務

遺留分算定の基礎財産を算定する際には，遺産債務の全額を相続財産から控除します（1043①）。この相続債務には，私法上の債務だけでなく，税金債務や罰金などの公法上の債務も含まれます。他方，相続財産

の管理費用等相続財産に関する費用，遺言執行に関する費用（1021但書）は控除されません。

　なお，保証債務については，主債務者が弁済できない状況にあり，保証人がその債務を履行しなければならず，かつ，その支出額を主たる債務者に求償しても支払われる見込みのないような特段の事情がない限り，「債務」に含まれないとされています（東京高裁平成8.11.7判時1637号31頁）。

オ　遺留分を算定するための財産の価額の評価時点について

　「遺留分を算定するための財産の価額」の評価の基準時については，改正法では，相続開始時点を基準としています。そして，その評価方法は，相続開始時点の現状について，客観的価額に基づき評価することになります。

　改正前においては，例えば，価格弁償（旧法1041）による場合は，遺留分減殺請求がされることで財産が共有となり，その共有持分をどのように評価するのかという問題なので，相続開始時ではなく，現在，あるいは，価格弁償を請求するする訴訟の場合は事実審の口頭弁論弁論終結の時点において有している権利を評価することになり，いつの時点で遺留分減殺請求をするかで，遺留分の有無や受遺者・受贈者の負担額が変わってくることになり，受遺者や受贈者の法的地位を不安定にすることが問題となっていました。

　そこで，改正法では，権利関係を早期に安定させるために，相続開始時において，遺留分侵害額も遺留分義務者の負担額も決まり，その後の基礎財産の価額の変動は影響しないことになりました。

(3)　遺留分侵害額の計算式の明確化

　遺留分権利者が侵害された遺留分の額は，以下の計算式で算定されます

（1046②）。

遺留分侵害額 ＝ 遺留分額（前記(2)参照）

　　　　　 － 遺留分権利者が受けた特別受益の額

　　　　　 － 遺留分権利者が遺産分割において取得すべき
　　　　　　　財産の価額

　　　　　 ＋ 遺留分権利者が相続により承継する債務の額

ア　遺留分侵害額の算定方法

　遺留分侵害額とは，遺留分権利者が被相続人の財産から遺留分に相当する財産を受け取ることができない場合の不足額のことをいいます。

　改正法は，遺留分侵害額に関する計算方法を明確化しました（1046②）。

　すなわち，遺留分侵害額は，遺留分の額から，遺留分権利者が生前贈与を受けている場合や，遺産分割の対象となる財産がある場合には，これらの財産の額を控除します。

　他方，相続債務がある場合には，遺留分権利者が相続によって負担する債務の額を加算して求めることになります。

　「遺留分の見直し」の例では，長女の遺留分侵害額請求権の行使により，長男に対する遺留分侵害額2,160万3,241円に相当する金銭の支払請求件が発生します。

　長女の遺留分侵害額は以下のとおり計算されます。

$$\{（1億2,345万円＋1,234万5,678円）\times \frac{1}{2} \times \frac{1}{2}\} － 1,234万5,678円$$
$$＝2,160万3,241円$$

　以下，個々の内容について説明します。

イ　遺留分権利者が受けた遺贈又は特別受益の額の控除（1046②一）

　遺留分権利者が遺贈又は特別受益に該当する贈与（時期は問いません。）を受けていた場合（903，904）には，遺留分からその価額を控除することを規定しています（1046②一）。

ウ　遺産分割の対象となる財産がある場合の控除（1046②二）

　遺留分権利者に，900条から902条まで，並びに903条及び904条の規定により算定した相続分に応じて，「遺留分権利者が取得すべき」財産の価額を控除すべき旨の規定が設けられています（1046②二）。

　この規定は，現実に遺産分割により取得した遺産の価額ではなく，遺産分割が終了しているか否かにかかわらず，具体的な相続分に応じて遺産分割をした場合に取得できる遺産の価額を控除すべきとするものです。

エ　遺産分割により取得すべき価額につき寄与分は考慮しないこと

　遺産分割の対象となる財産がある場合の控除の規定（1046②二）においては，寄与分の規定（904の2）は記載されていません。寄与分については，家庭裁判所の審判によってその有無及び額が決定されるものであり，遺留分権利者の権利行使により金銭債権が発生する遺留分侵害額請求権とは性質が異なることから，寄与分は考慮しないこととされています。

オ　相続債務がある場合の遺留分権利者が負担する債務の額の加算

　相続債務がある場合の遺留分権利者が負担する債務の額の加算の規定の趣旨は，遺留分権利者が相続債務を支払った後に遺留分を確保することができるようにすることにあります。遺留分に加算する額については，相続分の指定のある場合には，指定相続分に応じて遺留分権利者が承継すべき額とされています（1046②三）。

　これに対し，相続人間の合意に基づき遺留分権利者が他の相続人が負担すべき相続債務を引き受けた場合に遺留分権利者が引き受けた債務額

を加算することは認められていません。条文上も「899条の規定により遺留分権利者が承継する債務」とあり、同条の「相続分」は法定相続分又は指定相続分をいうとされているところ、相続人間の合意による相続債務の引受は文言上も含まれないこと、相続人間の合意により遺留分侵害額の増大につながる加算を認めることは、このような合意があることを知り得ない遺留分侵害額を負担する受遺者・遺贈者に不測の損害を被らせることになり相当でないことが理由とされています。

(4)　遺留分侵害額についての受遺者・受贈者の負担額

　遺留分権利者は、受遺者等に対して、遺留分侵害額に相当する金銭の支払を請求することができますが、遺留分を侵害している者が複数いる場合の金銭債務の負担割合と負担の順序については、以下のとおり定められています。この点は改正前と実質的に変更はありません。

ア　受遺者・受贈者の負担の上限は遺贈・贈与の目的の価額まで（1047①）

　　遺留分侵害請求の相手方である受遺者・受贈者の負担の限度については、遺贈・贈与の目的の額を限度としています。

　　ただし、受贈者が相続人である場合には、その目的物の価額から遺留分相当額を控除した価額が上限となります（1047①）。これは改正前の受遺者が相続人の場合、遺留分を超えた額を遺贈の目的の価額とするという解釈を明文化したものです（最一小判平成10.2.26民集52.1.274）。また、受遺者の負担額の基準となる贈与については、遺留分を算定するための財産の価額に算入されるものに限られる旨の明文規定が設けられています。

イ　複数の受遺者の負担順序

　　複数の受遺者がいる場合、負担の順序が決められています（1047①一～三）

ⅰ）受遺者と受贈者がある場合（1047①一）

　　まず受遺者が負担し，それでも足りないときに初めて受贈者が負担します。

　　受遺者には，特定財産承継遺言による受益相続人，相続分の指定を受けた相続人も含まれます。

ⅱ）受遺者が複数，又は受贈者が複数いる場合（1047①二）

　　㋐受遺者が複数あるとき，又は，㋑受贈者が複数ある場合において，その贈与が同時になされたものであるときは，受遺者又は受贈者がその目的の価額の割合に応じて負担します。ただし，遺言者がその遺言に別段の意思を表示したときは，その意思に従います。

ⅲ）複数の受贈者がある場合（1047①三）

　　新しい受贈者から遺留分侵害額を負担します。

ウ　同順位者又は先順位者が無資力だった場合（1047④）

　　同順位者の1人又は先順位者が無資力であったことにより遺留分権利者が遺留分を侵害された額を事実上満足させることができなかったとしても，そのリスクは遺留分権利者が負担すべきであり，次順位において負担をすべき受遺者にそのリスクを転嫁することはできません。

エ　死因贈与の場合

　　死因贈与の場合については，明文の規定がありません。遺贈，死因贈与，生前贈与の順でこれらを受けた者が負担することになるとの裁判例がありますが（東京高裁平成12.3.8判時1753.57），判例・学説上取扱いが固まっているわけではありません。

⑸　遺留分侵害額の算定における債務の取扱い

　　相続債務がある場合，法定相続分に応じて相続人に分割されます。

　　ここで，受遺者等が遺留分権利者が承継した債務について，免責的債務

引受，弁済その他の債務を消滅させる行為をした場合は，消滅した債務相当額の遺留分負担を免れるものとしました。この場合，当該行為により遺留分権利者に対して取得した求償権も，消滅した当該債務の額の限度に応じて消滅します。(1047③後段)。

　これは，被相続人の事業を承継した受遺者が，相続債務全部を消滅させた場合に遺留分侵害額に相当する金銭債務と相続債務の弁済による求償権とを相殺したのと類似の効果を発生させる趣旨です。このほか，受遺者が，免責的債務引受により遺留分権利者の債務を消滅させた場合 (472②) や，被相続人のローンを一括弁済した場合 (相殺適状にないケース) なども含めて，遺留分侵害額請求権の行使によって負担した金銭債務を消滅させることができます。

⑹　遺留分侵害額請求権の行使により発生した金銭債権の時効と債権法改正

　遺留分侵害額請求権の行使期間は，今回の相続法改正の影響は受けず，相続の開始及び遺留分を侵害する贈与又は遺贈があったことを知った時から1年，または相続開始の時から10年を経過したときに，時効消滅します。

　なお，令和2年4月1日から改正債権法が施行されています。遺留分侵害額請求権の行使により発生した金銭債権の消滅時効については，相続開始が改正債権法施行の前であった場合でも，改正債権法施行日以後に，遺留分侵害額請求権を行使した場合には，これにより発生した金銭債権は，債権法改正の影響を受けます。したがって，この場合，当該金銭債権の消滅時効の期間は，10年間ではなく，5年間となると考えられています（改正法166①一）。

3 具体的な請求方法

　遺留分を巡る紛争は本来訴訟事項ですが，調停前置主義により，地方裁判所又は簡易裁判所に訴えを提起する前に，原則として家庭裁判所の調停を経なければなりません（家事法257①）。

　調停の方法については，改正法に対応して，東京家庭裁判所のホームページ上に，遺留分侵害請求の調停申立書の書式が掲載されています。参考までに，施行日（令和元年7月1日）より前に相続が開始した場合に使用する「遺留分減殺請求の調停申立書」と，施行日以降に相続が開始した場合に使用する「遺留分侵害額の請求の調停申立書」の書式を巻末に掲載しておりますので，ご参照下さい。

　改正法の施行日前は，旧法が適用されて，遺留分減殺請求権行使の意思表示により，遺留分を侵害する権利移転の効力が否定されるため，無効な権利移転を受けた者に対する遺産の「返還」を求める申立てとなっています。

　これに対して，施行日以降は，改正法が適用されて，遺留分侵害額請求権行使の意思表示により，遺留分を侵害する権利移転の効力は否定せず，遺留分侵害に相当する金額の「支払」を求める申立てとなっています。

　遺留分侵害額請求の意思表示は相手方に対する到達を要します。調停を申立てる場合，訴訟提起と異なり特別送達によらないため相手方への到達の有無が明確ではありません。そこで，別途，相手方に対する到達の有無や到達の時期を証明できるように相手方に対する配達証明付内容証明郵便による方法で行う必要があります。

☑ チェックポイント

1．遺留分侵害額請求の意思表示の消滅時効は 1 年と短いので注意しましょう。
2．遺留分侵害額請求の意思表示は相手方への到達を証明できる手段で行うべきです。
3．遺留分を算定するための財産の価額を求める際に，相続人に対する生前贈与の取扱について，改正法は，原則として，相続開始前10年間にした贈与に限り，遺留分を算定するための財産に含めることにしました。
4．負担付贈与・不相当な対価の有償行為については，規定が明確化されました。
5．遺留分侵害額の算定方法が明確化されました。

第**6**章

相続の効力等に
関する見直し

(1)　法定相続分を超える権利を承継した相続人の対応

　改正法は，「相続させる」旨の遺言により承継された財産については，登記等の対抗要件なくして第三者に対抗することができるとされていた改正前の法の規律を見直し，法定相続分を超える権利の承継については，対抗要件を備えなければ第三者に対抗することができないとしました（899の2①）。

　同様に，債権の承継の対抗要件としての通知についても，法定相続分を超える部分の承継については，遺言の内容を明らかにする書面の通知等の対抗要件を備えなければ第三者に対抗することができないこととしました（899の2②）。

施行日　令和元年（2019年）7月1日から。

経過規定　施行期日前に開始した相続に関し遺産の分割による債権の承継がされた場合において，施行日以後にその承継の通知がされるときにも適用があります（第1章4⑵例外①参照）。

(2)　相続債権者・被相続人の債務者の対応

　また，改正法は，相続債権者・被相続人の債務者は，受益相続人が対抗要件を具備するまでは，法定相続分を前提として，権利を行使し義務を履行すれば足りるとしました（902の2）。

施行日　令和元年（2019年）7月1日から

経過規定　施行日以後に開始した相続に適用されます（第1章4⑴原則参照）。

(3)　「相続させる」旨の遺言に遺言執行者の規定がある場合

　施行日より前にされた特定財産承継遺言がされた場合の遺言執行者の権限に関する規定については，改正法1014条2項ないし4項は適用されませ

ん（第4章第5節参照）。理由は，改正前の遺言執行者の権限を前提として遺言が作成されているためです。

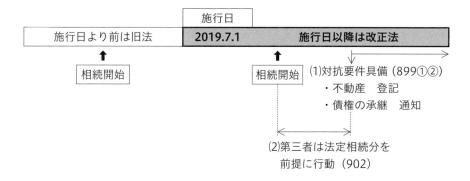

1 改正の背景

(1) 改正前の判例法理

改正前においては，判例上，遺産分割及び遺贈（最判昭和39.3.6民集18巻3号437頁）の場合は登記等の対抗要件が必要とされるのに対し，遺産分割方法の指定（「相続させる」旨の遺言）（最判平成14.6.10判時1791号59頁）や相続分の指定（最判平成5.7.19家月55巻1号77頁）については，対抗要件主義の適用はなく，登記等の対抗要件を備えなくてもその権利の承継を第三者に対抗することができるとされていました。

改正前の結論	①遺産分割	②遺贈	③相続させる旨の遺言
相続債権者の差押との優劣	差押登記と法定相続分を超える処分の登記の先後による。	①と同じ。登記の先後による。	遺言が常に優先。

(2) 遺言による相続財産処分と取引安全

しかし，被相続人の債権者や債務者等の第三者は，遺言の有無及び遺言

の内容を知る手段を有しないことから，不測の損害を被るおそれがあります。

　また，上記の判例法理を前提とすると，実体的な権利関係と登記等の対抗要件との不一致が生じる場面が増えるため，不動産登記制度を含む対抗要件制度に対する信頼を害するおそれもあります。

〈参考〉相続の効力に関する見直し

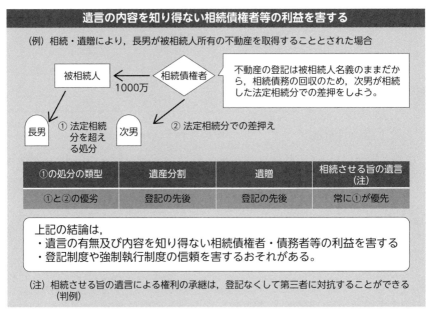

（法務省HP資料を基に作成）

2　改正法のポイント

⑴　相続財産の権利承継の対抗要件

　899条の2は，共同相続における権利の承継の対抗要件について新設された規定です。

今回の改正では，現行法下での問題点を考慮して，判例法理を変更し，相続分の指定及び遺産分割方法の指定（「相続させる」旨の遺言）による権利の承継についても，対抗要件主義を採用しました。

① 法定相続分を超える権利の承継は対抗要件必要

改正法は，相続分の指定及び「相続させる」旨の遺言についても，法定相続分を超える部分については，登記等の対抗要件を具備していなければ，債務者・第三者に対抗することができないものとしました（899の2①）。

登記等の対抗要件を具備しなければ相続分を超える権利取得を主張できない「第三者」の具体例としては，以下の場合が考えられます。

i 他の相続人の債権者である第三者がその相続人の法定相続分を差押えた場合

ii 相続させる遺言により相続人の一人が法定相続分を超える遺産を取得したのに対して，他の相続人が法定相続分による相続を原因とする共有名義の登記をし，その持分を第三者に譲渡し，第三者が持分移転登記を経た場合

その結果，被相続人から相続人への法定相続分を超える処分の内容が，「遺産分割」「遺贈」「相続分の指定」「相続させる旨の遺言」の如何を問わず，法定相続分を超える部分については，登記等の対抗要件の先後により，優劣関係が決せられることとなりました。

改正後の結論	①遺産分割	②遺贈	③相続させる旨の遺言
相続債権者の差押との優劣	差押登記と法定相続分を超える処分の登記の先後による。	①と同じ。登記の先後による。	①と同じ。登記の先後による。

以上により，遺言の有無及び内容を知り得ない相続債権者・債務者等の

利益や第三者の取引の安全を確保することになりますし，ひいては，登記制度や強制執行制度の信頼を確保することにもつながります。

② 　法定相続分を超える債権譲受人の債務者に対する通知方法

改正前は467①で処理	遺言者の地位を引き継いだ共同相続人全員が「債権譲渡人」として通知が必要。 ⇒相続人間で争いがある場合や，相続人の一部が行方不明の場合，対抗要件具備が困難
改正後　899の2②新設 467①の特則 ※	債権譲受人からの通知を例外的に認める ① 　遺言書の原本又は遺産分割協議書の原本を示し， ② 　債権の承継を裏付ける遺言書又は遺産分割協議書の写しを交付して債権の承継を通知

※ 　債務者以外の第三者（相続債権者）に対する対抗要件は，債権を承継した受益相続人からの確定日付ある証書による通知が必要となる。

※ 　相続債権者や被相続人の債務者は，債権を承継した受益相続人が対抗要件としての確定日付ある証書による通知を具備するまでは，法定相続分を前提として，権利を行使し，義務を履行すれば足りる（902の2）。

改正法は，債権に関する①の対抗要件具備の方法に関して，債務承継の通知につき特則を設けています（899の2②）。

法定相続分を超える相続による権利の承継の第三者対抗要件については，民法467条1項，2項に基づき，債務者に対する対抗要件としては債権譲渡人の通知，債務者以外の第三者に対する対抗要件としては確定日付ある証書による通知が必要となります。相続の場合には，遺言者の法的地位を譲り受けた共同相続人全員が債権譲渡人として通知をする必要があります。

そうすると，相続人間で争いがある場合には，対抗要件としての通知をすることが困難となりかねません。

　そこで，例外的に債権を承継した者からの通知を認める代わりに，虚偽の通知により対抗要件が具備されることを防止するため，通知の際に，遺言の内容を客観的に明らかにすることを要件としました。

　以上により，改正法は，債権を承継した受益相続人が，単独で例えば遺言による承継の場合は遺言の原本を，遺産分割による承継の場合は遺産分割協議書を示した上で，債権の承継に関する遺言の一部の写しを交付する等の方法により遺言若しくは遺産分割の内容を明らかにして，債権の承継を通知したときは，共同相続人全員が通知をしたものとみなして，民法467条1項の債務者対抗要件を具備できることとしました。

　なお，債務者以外の第三者に対する対抗要件としては，467条2項に基づき，債権を承継した受益相続人からの通知は，確定日付ある証書によって通知をする必要があることになります。

　また，民法467条1項の債務者の承諾については特則は設けられていません。

(2)　債権者は法定相続分による権利行使可能

　改正法においては，遺言の存在及び内容にかかわらず，相続債権者・被相続人の債務者は，受益相続人が前述(1)で定める対抗要件を具備するまでは，法定相続分を前提として，権利を行使し，義務を履行すれば足りるとされました（902の2）。

①　原則（902の2本文）

　相続分の指定がされた場合であっても，被相続人の債権者は各共同相続人に対し，法定相続分に応じてその権利を行使することができることが原則として定められています。

　これは，最高裁の判例（最判平成21.3.24民集63巻3号427頁）を明文化したものとされています。被相続人は自分が負っていた債務について処分す

る権限がないので，相続分の指定がされた場合にも，相続債権者は，法定
相続分での承認を前提に権利行使をすることができるとするものです。

　これに対し，相続人間の内部的な債務の負担割合については，これを積
極財産の承継割合に合わせることに一定の合理性が認められることから，
遺言者による相続分の指定は，原則として相続人間の内部的な負担割合を
定めるものであるということになります。

　以上により，法定相続分を下回る相続分の指定がされた相続人が本条の
規定により法定相続分に応じた債務を支払った場合には，法定相続分を上
回る相続分の指定がされた相続人に対し，求償することができます。

② 例外

　債権者が共同相続人の1人に対してその指定された相続分に応じた債務
の承継を承認したときは，例外的に，指定された相続分に応じた権利行使
ができます（902の2但書）。

　これは，原則どおり債権者に法定相続分に応じた権利行使しか認めない
とすると，被相続人が遺言により積極財産の全部又は大部分を特定の相続
人に相続させようとした場合，引き当てとなる財産が不足し，債権者が不
利益を受けるおそれがあるため，例外的に，債権者が指定相続分に応じた
債務の承継を承認することにより，指定相続分に応じた権利行使を認める
こととしています。

(3)　遺言執行者が選任されている場合の相続人の債権者との関係

改正前1012，1013	・相続人は相続財産の処分や遺言執行妨害行為ができない ・遺言執行行為を妨害する処分行為は絶対的に無効 ・特定財産承継遺言につき，遺言執行者の登記申請の権限がない（判例）
改正後1012，1013，1014	・相続人は相続財産の処分や遺言執行妨害行為ができない（1012①②） ・遺言執行行為を妨害する処分行為は無効であるが（1013②本文），善意の第三者には対抗できない（1013②但書） ・遺言執行者がおり，その管理権限の及ぶ相続財産を相続人の債権者や被相続人の債権者が差し押えた場合には，差押えと，遺言執行者の対抗要件具備のいずれが先かで優劣関係が決定される（1013③） ・特定財産承継遺言につき，遺言執行者の登記申請等の権限を認めた

　改正法は，遺言執行者が選任されている場合の相続人の行為の効果を以下のとおり定めています（1013）。

① 　遺言執行を妨害する処分行為の無効は，善意者に対抗できない

　遺言執行者は，相続財産の管理権限を有することから，この管理権限の範囲内では相続人は相続財産の管理権限を失い（1012①），相続人は相続財産の処分その他遺言の執行を妨げる行為をすることができません（1013①）。これまで，遺言執行を妨害する処分行為は無効と解されていたため（最判昭和62.4.23民集41巻3号474頁），対抗問題であるとされる遺贈も遺言執行者が存する場合には対抗問題となりませんでした。

　改正法は，これまでと同じく執行を妨害する処分行為を無効としつつも（1013②本文），この無効をもって善意の第三者に対抗できないと規定しています（1013②但書）。

　なお，第三者は遺言の有無又はその内容を知りうる手段がないため，遺言の有無又はその内容に関する調査義務を負わせるべきでないとして無過失は要求されていません。

②　相続人の債権者，相続債権者との関係

　遺言執行者が存し，その管理権限の及ぶ相続財産を相続人の債権者や被相続債権者が差し押さえた場合について，改正法はこれらの行為を執行妨害とする考え方をとらず，対抗問題として処理することとしています（1013③）。

③　特定財産承継遺言と遺言執行者の権限

　特定財産承継遺言（遺言の分割の方法の指定として遺産に属する特定の財産を共同相続人の一人又は数人に承継させる旨の遺言）があった場合，改正前は，不動産登記法上，権利を承継した相続人が単独で登記申請ができることを理由に，特定の財産が被相続人名義の不動産である場合に，遺言執行者の登記申請権限が認められていませんでした（最判平成11.12.16民集53巻9号1989頁）。

　改正法では，特定財産承継遺言がされた場合についても，遺産分割や遺贈の場合と同様に，法定相続分を超える権利の承継については，登記等対抗要件を具備していない限り，第三者に権利の取得を対抗できないとしました（899の2）。そこで，これらの取扱いと合わせて，特定承継遺言があった場合についても，遺言執行者は，原則として，その遺言により財産を取得する相続人のために登記等対抗要件を備えるために必要な行為をする権限があることを明文化しました（1014②）。

☑ **チェックポイント**

1．施行日と改正法の適用関係の整理

(1) 原則　相続開始が施行日（令和元年7月1日）以降は改正法が適用されます。

法定相続分を超える権利を承継した場合には登記等対抗要件の具備が必要です。

(2) 例外その1　債権の承継がされた場合の通知の取扱い

施行日前に開始した相続に関し遺産分割による債権の承継がされた場合に，施行日以降にその承継の通知がされる場合は，改正法が適用されます。

(3) 例外その2　特定財産承継遺言と遺言執行者の選任

相続開始が施行日以後であっても，施行日前に特定財産承継遺言がされていた場合の遺言執行者に関する規定について，改正法は適用されません。

2．法定相続分を超える債権を譲受けた相続人について，債務者に対する通知には改正法により，遺言の内容を客観的に明らかにした上で，債権譲受人からの通知という簡便な方法が認められました。

3．特定財産承継遺言に基づく財産の承継につき，改正法により，遺言執行者が対抗要件を具備する行為をする権限が認められました。

4．遺言で遺産を取得した場合，忘れずに，すぐに登記・通知といった対抗要件を具備することが必要です。

第 **7** 章

相続人以外の親族の貢献を考慮する方策

・相続人以外の被相続人の親族が，無償で，被相続人の療養看護等の労務提供をして被相続人の財産の維持又は増加について特別の寄与を行った場合，相続開始後，相続人に対して，寄与に応じた金銭（特別寄与料）を請求できる「特別の寄与」という制度が新設されました（1050）。

・「特別の寄与」の制度新設に伴い，家庭裁判所における手続規定が新設されました（改正家事事件手続法216の2〜216の5）。

施行日　令和元年（2019年）7月1日から

経過規定　施行日以後に開始した相続に適用（第1章4⑴原則）。

1　改正の背景

⑴　相続人ではない親族の貢献への考慮

　今回の改正は，相続人ではないが，被相続人の療養看護に努め，その財産の維持又は増加に寄与した親族について，その貢献度に応じて遺産の分配に与ることができないのは，被相続人の意思にも反し，また，親族間において不公平ではないかとの問題意識に基づくものです。

　典型的な例としては，長男の妻が，夫の父と同居しその療養看護を行い，被相続人である父の財産の維持又は増加に貢献したとしても，長男の妻は相続人ではないため，遺産分割の当事者となることはできず，何らかの遺産の分配に与ることができません。

　長男が相続人の場合は妻の貢献分を夫である長男の貢献分に含め長男の寄与分として主張をすることができます。

　しかし，長男が被相続人である父よりも先に亡くなっていた場合には，相続人ではない長男の妻自身は，遺産分割の当事者となることはできず，寄与分の主張もすることができません。

　他方，相続人であれば，実際に被相続人である父の療養看護による財産

の維持又は増加に貢献していなくても，遺産の分配に与ることができます。これでは，不公平な結果となります。

〈参考〉相続人以外の者の貢献を考慮するための方策（特別の寄与）（改正前の制度）

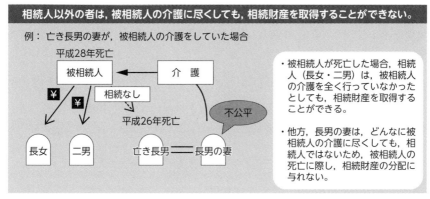

（法務省 HP 資料を基に作成）

(2) 改正前の法制度での対応

　改正前の法制度にも，被相続人の療養看護に努める等した者に対し，遺産の分配上考慮する制度はありましたが，上記(1)の場合は救済できず，不十分でした。

　例えば，寄与分の制度は，被相続人に対して療養看護に努めた相続人が寄与分を主張した場合に，相続分について被相続人の財産の維持増加に貢献した分について，遺産分割の具体的な相続分の確定の際に算定の基礎とし，遺産を取得させる制度です（904の 2）。寄与分の制度は相続人にのみ認められており，相続人以外の親族は，寄与分を主張することはできません。

　また，例えば，特別縁故者制度は，被相続人の相続人が存在しない場合

に，被相続人の療養看護に努めた者など被相続人と特別な縁故があった者に対して，被相続人の財産の全部又は一部を家庭裁判所の審判により分与する制度です（958の3）。この制度は，被相続人の相続人が存在しない場合に適用されるであり，相続人が存在する場合には適用することができません。

　その他，親族間での療養看護行為で支出した費用について，準委任契約や事務管理に基づく費用償還請求（656，650①，702）等も考えられますが，具体的な内容が不明確な場合も多く，その成立や内容を証明できないことがあります。また，親族間などの近い間柄においては，療養看護の費用について，当事者間で精算をする意思が認められない場合もあります。

　それゆえ，相続人以外の親族が被相続人の療養看護を行った場合に，準委任に基づく報酬や費用について当然には請求することができません。

2　改正法のポイント

(1)　改正法の概要・制度趣旨

　今回の相続法改正では，被相続人の相続人以外の親族が，無償で療養看護その他の労務の提供をしたことにより被相続人の財産の維持又は増加に特別の寄与をした場合にこれを金銭的に評価し，寄与に応じた額の金銭（特別寄与料）の支払を請求できる「特別の寄与」の制度を創設しました（1050）。

　特別寄与料については，当事者に協議が調わないときまたは協議をすることができないときは，家庭裁判所が特別寄与料の額を定めることとし，その手続に関する条文を追加しました（改正家事法216の2以下）。

〈参考〉相続人以外の者の貢献を考慮するための方策（特別の寄与）
　（改正法のメリット）

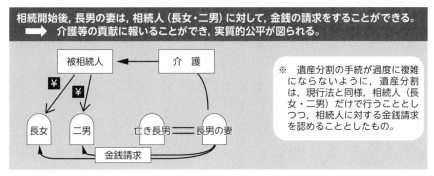

（法務省 HP 資料を基に作成）

⑵　特別寄与料請求権の法的性格

　特別寄与料請求権とは，相続人以外の被相続人の親族が，被相続人に対して無償の療養看護その他の労務の提供をしたことにより被相続人の財産の維持又は増加に特別の寄与をした場合に，これを金銭的に評価し，相続開始後，相続人に対して，「特別寄与料」として請求をする権利を認めたものです。

　特別寄与料の請求権は，協議又は審判によってはじめて具体的な権利として形成されます。協議又は審判前の特別寄与料の請求権は具体的な権利ではないため，民事訴訟により請求することはできません。

⑶　特別寄与料を請求するための要件

①　請求権者が，相続人以外の被相続人の親族であること

②　無償で療養看護，その他の労務を提供したこと

③　被相続人の財産の維持又は増加に寄与したこと

④　②と③との間に因果関係があること

⑤　特別の寄与が認められること

以下，問題となる点を個別にみていきます。

① 　請求権者が，相続人以外の被相続人の親族であること

ア　特別寄与料の請求権者は，相続人ではない「被相続人の親族」とされています。

　　ここでいう「親族」は，六親等以内の血族，配偶者，三親等以内の姻族（725）です。

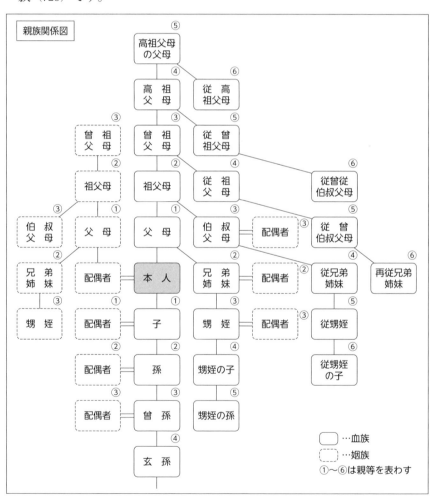

　　典型例としては，被相続人の長男の配偶者が想定されることが多いのですが，それだけには限られず，被相続人の直系血族及びその配偶者，被相続人の兄弟姉妹及びその配偶者，被相続人の兄弟姉妹の子及びその配偶者，被相続人の配偶者の連れ子等が考えられます。

イ　相続放棄をした者，相続人の欠格事由該当者，又は廃除により相続権を失った者は除きます。

　　これは，自らの意思で相続人にならなかった者や，相続人になれなかった者をこの制度で救済する必要性が乏しいと考えられたためです。

ウ　請求権者である被相続人の親族については，同居は要件とされていません。

　　被相続人と同居していない者が被相続人の住居に通って看護を行った場合を適用範囲から除外する合理性を見出すことが困難であると考えられたためです（部会22回議事録 p54）。

エ　内縁の配偶者，事実上の養子等の特別縁故者や LGBT には，本条は適用されません。

　　請求権者を「被相続人の親族」に限定した理由は，「被相続人と一定の身分関係がある者との間で行うという限度で，現行法の規律との連続性を維持するものであり，被相続人と何ら身分関係がない者を請求権者に加えることは，紛争の複雑化，困難化の観点から妥当でない」と考えられたためです（部会資料25－2 p20）。そのため，被相続人が療養看護の労苦に報いる方法として，内縁の配偶者や同性のパートナーに遺産を分配したいと思う場合には，遺言を作成して対応することになります。

②　無償で療養看護，その他の労務を提供したこと

ア　「無償」の意義（1050①）

　　特別寄与者が，被相続人から，療養看護等労務の対価に相当する財産給付を得ている場合は，特別寄与料の請求は認められません。また，被

相続人に対する貢献に報いるために，契約や遺言により特別寄与者に対して利益を与える対応がされていた場合も「無償」には該当せず，特別寄与料の請求は認められません（部会資料19－1 p 8）。

イ　財産上の給付を行う寄与は含まれない

寄与分（904の2①）と異なり，特別寄与は，「療養看護その他の労務の提供」に限られています。すなわち，被相続人に対し，労務提供の一態様として，療養看護，家事従事の寄与は認められますが，財産出資型の寄与は認められません。

例えば療養費のみの支出，被相続人の自宅のリフォーム費用のみの支出，被相続人の事業に対する資金援助等，金銭支出はあるが労務の提供がない場合は，「寄与」に当りません。

③　被相続人の財産の維持又は増加に寄与したこと

特別寄与者による被相続人に対する無償の労務提供が，被相続人の財産の維持又は増加に寄与したことが必要です。

④　②と③との間に因果関係があること

②と③との因果関係（1050①）が寄与分（904の2①）と同様，要求されています。

例えば，親族の療養看護や家事従事等により訪問看護費用や家事従事のヘルパーの費用が不要となることにより，被相続人の財産が維持された等の関係が必要です。

献身的な療養看護を行っても被相続人の財産維持に結びつかない場合は「寄与」に当りません。

⑤　特別の寄与が認められること

特別寄与料請求権の要件としての「特別の寄与」については，現行法上の寄与分の「特別寄与」とは異なります。

現行法上の寄与分の「特別の寄与」は，寄与の程度が被相続人と相続人

の身分関係に基づいて通常期待される程度を越える貢献であると理解され
ています。

　これに対して，特別寄与料請求権の要件としての「特別の寄与」は，相
続人ではなく被相続人に対して扶養義務を負わない者も含まれていること
から，身分関係上通常期待される程度の寄与を超えるか否かとの観点では
なく，その者の貢献に報いるのが相当と認められる程度の一定程度を越え
た貢献が要求されると考えられています（部会資料23－2 p23）。

(4)　権利行使の期間制限

　家庭裁判所に対する協議に代わる調停・審判の申立てについては，以下
の期間内にしなければなりません（1050②）。

　　　　　①　特別寄与者が相続開始及び相続人を知った時から6か月以内
　　　　　　　又は
　　　　　②　相続開始の時から1年以内

　特別寄与料の請求権の権利行使期間が短期間に制限されている趣旨は，
相続人以外の者が相続紛争に関与し，相続紛争が複雑化または長期化する
ことを防止することにあります。

　特別寄与料の請求は，特別寄与者が相続開始を知ってから6か月以内，
又は，相続開始時より1年以内にしなければなりません。このように権利
行使の期間が短かいため，特別寄与料の協議がまとまらず，調停申立によ
る場合，申立書に添付する戸籍謄本等の取り寄せに時間がかかり，権利行
使の期間を経過してしまわないよう注意が必要です。

(5)　特別寄与料の負担義務者・支払方法について

　　①　特別寄与料は相続分に応じて負担
　　②　特別寄与料＝相続財産価額－遺贈の価額

③　支払方法：当事者の協議，家裁に協議に代わる処分を請求

① **特別寄与料は相続分に応じて負担**

特別寄与者に対する相続人の負担額の例

特別寄与料 × 法定・指定相続分			
特別寄与料　　例100万円　相続人4名　法定相続分			
相続人①	相続人②	相続人③	相続人④
25万円	25万円	25万円	25万円

特別寄与者が①②③に請求，④は請求しなかったケース

特別寄与者は，相続開始後，相続人に対し特別寄与料の支払請求ができます（1050①）。

相続人が数人ある場合には，特別寄与者は，その選択に従い，相続人の一人又は数人に対して特別寄与料の請求ができ，必ずしも，相続人全員に対して請求する必要はありません。

特別寄与料は，一部の相続人に請求しないことも可能です。

相続人が数人ある場合には，各共同相続人は，特別寄与料の額に各共同相続人の法定相続分・指定相続分（900〜902）を乗じた額を負担します（1050⑤）。

② **特別寄与料＝相続財産価額－遺贈の価額**

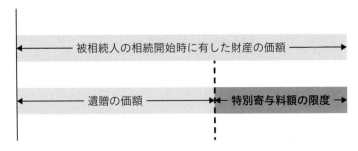

特別寄与料額は，被相続人が相続開始の時に有した財産の価額から遺贈の価額を控除した残額を超えることができません（1050④）。

なお，寄与分にも同様の既定があります（904の2③）。

③　支払方法：当事者の協議，家裁に協議に代わる処分を請求

ア　特別寄与料額支払については，特別寄与者と相続人との間の協議により決定します。

イ　当事者間で協議が調わないとき，又は協議をすることができないときは，特別寄与者は，家庭裁判所に対して協議に代わる処分を請求することができます（1050②本文）。

　　家庭裁判所は，その場合，寄与の時期，方法及び程度，相続財産の額その他一切の事情を考慮して，特別寄与料の額を定め（1050③），当事者に対して金銭の支払を命ずることができます（家事法216の3）。

ウ　遺言との関係

　　また，被相続人が遺言で特別寄与を認めない遺言や，特別寄与料の額を定める遺言をした場合であっても，特別寄与者による特別寄与料の請求は，妨げられません（部会26−2 p12）。

エ　すでになされた遺産分割との関係

　　この特別寄与料の算定は，遺産分割とは切り離された制度であり具体的相続分とは無関係です。そのため，特別寄与者による特別寄与料の請求は，このことのみをもって，すでになされた遺産分割の効力に影響を及ぼすことはありません（部会19−1 p7）。

(6)　**特別寄与料の請求手続について**

　特別寄与料の請求手続については，家事事件手続法に特別寄与料に関する規定が新たに設けられました（家事法216の2〜216の5）。

①　特別の寄与に関する処分の審判事件は，遺産分割と同じく相続が開始した地を管轄する家庭裁判所の管轄に属すると定められています（家事法216の2）。

②　寄与分（904の2）については，遺産分割の審判が係属している家庭裁判所に管轄があり，併合審理が強制されています（家事法192）。

これに対して，特別の寄与に関する処分の審判事件については，遺産分割審判との併合審理は強制されていません。そこで，家庭裁判所が寄与分及び遺産分割の審判・調停手続と併合して審理を行うか，併合せずに，特別の寄与に関する審判手続について個別に審理を行うかは，家庭裁判所の裁量に委ねられています。

特別寄与料の請求は調停・審判によることができます。調停申立書の書式を参考資料として巻末に掲載しましたので，ご参照下さい。

3　特別寄与料の具体的な計算例

次のような事例を使って，長男の妻が特別寄与料を請求できるか考えてみましょう。

〈事例〉

甲野太郎（被相続人）には，長男甲野一郎，二男甲野二郎，長女乙野春子の子3人がおり，長男夫婦と同居していました。妻は既に死去しています。平成26年に長男が交通事故で死亡し，甲野太郎も体調を崩したため自宅で長男の妻甲野花子が一人で療養看護をしていました。その後，令和元年9月1日に甲野太郎が死去しました。長男の妻である甲野花子は二男と長女に特別寄与料を請求できるでしょうか。

〈解説〉

この事例において，長男の妻の甲野花子が，無償で，被相続人の介護を行い，その結果，被相続人の財産が維持又は増加したという相当因果関係が認められれば，特別寄与料は認められます。

これに対して，甲野花子が，契約や遺言により，被相続人甲野太郎から療養看護の労務の対価となる財産的給付を得たりしている場合には，特別寄与料は認められません。

甲野花子氏に特別寄与が認められる場合，相続人である二男の甲野二郎氏と長女の乙野春子氏両名に対し，又は，二男の甲の二郎氏に対してのみ請求することができます。

特別寄与料の支払の額及び方法は，長男の妻甲野花子氏と相続人との協議により定め，協議が整わない場合には，甲野花子が，被相続人甲野太郎氏の最後の住所地の家庭裁判所宛に，特別の寄与に関する処分調停を申し立てることができます。この調停手続は，遺産分割の手続きとは別の手続として行われます。

参考までに，この事例の申立書の記載例は次のようになります。

〈記載例〉

この申立書の写しは，法律の定めにより，申立ての内容を知らせるため，相手方に送付されます。
この申立書とともに相手方送付用のコピーを提出してください。

受付印		☑　調停
	家事　　　申立書 事件名（特別の寄与に関する処分）	
	☐　審判	

（この欄に申立て1件あたり収入印紙1,200円分を貼ってください。）

収入印紙	円
予納郵便切手	円

（貼った印紙に押印しないでください。）

家庭裁判所	申　立　人	甲野花子　㊞
御中	（又は法定代理人など）	
令和　　年　　月　　日	の 記 名 押 印	

添付書類	（審理のために必要な場合は，追加書類の提出をお願いすることがあります。）	準口頭
	戸籍（除籍・改正原戸籍）謄本・全部事項証明書〇通	

申	本　籍	（記入する必要はありません。）		
立	（国 籍）	都 道 　　　府 県		
人	住　所	〒〇〇〇 - 〇〇〇〇 〇〇県〇〇市△△町〇番〇号	（　　　　　　　方）	
	フリガナ 氏　名	コウ ノ ハナ コ 甲野花子	大正 ⑲昭和　〇年 △月 ✕日 生 平成 令和	（　　〇　歳）
相	本　籍	（記入する必要はありません。）		
手	（国 籍）	都 道 　　　府 県		
方	住　所	〒△△△ - △△△△ 東京都〇〇区〇〇町△番△号	（　　　　　　　方）	
	フリガナ 氏　名	コウ ノ ジ ロウ 甲野二郎	大正 ⑲昭和　△年 ✕月 〇日 生 平成 令和	（　　〇　歳）

（注）太枠の中だけ記入してください。

別表第二，調停（　/　）

この申立書の写しは，法律の定めにより，申立ての内容を知らせるため，相手方に送付されます。
この申立書とともに相手方送付用のコピーを提出してください。

※ 相手方	本　籍	（記入する必要はありません。）　　　都　道　　　　　府　県	
	住　所	〒△○△ − ○○○○ 東京都△△区××町○番○号	（　　　　　　方）
	フリガナ 氏　名	オツ ノ ハル コ 乙野春子	大正 ㊺昭和　○年○月×日生 平成 令和　（　　○　歳）
※ 被相続人	本　籍	（記入する必要はありません。）　　　都　道　　　　　府　県	
	住　所	〒○○○ − ○○○○ ○○県○○市△△町○番○号	（　　　　　　方）
	フリガナ 氏　名	コウ ノ タ ロウ 甲野太郎	大正　　　　　　　　　　死亡 昭和　元年 9 月 1 日生 平成 ㊺令和　（　　○　歳）
※	本　籍	（記入する必要はありません。）　　　都　道　　　　　府　県	
	住　所	〒　　　−	（　　　　　　方）
	フリガナ 氏　名		大正 昭和　　　年　月　日生 平成 令和　（　　　歳）
※	本　籍	（記入する必要はありません。）　　　都　道　　　　　府　県	
	住　所	〒　　　−	（　　　　　　方）
	フリガナ 氏　名		大正 昭和　　　年　月　日生 平成 令和　（　　　歳）

（注）　　　太枠の中だけ記入してください。※の部分は，申立人，相手方，法定代理人，不在者，共同相続人，
被相続人等の区別を記入してください。

別表第二，調停（　/　）

<u>この申立書の写しは，法律の定めにより，申立ての内容を知らせるため，相手方に送付されます。</u>
<u>この申立書とともに相手方送付用のコピーを提出してください。</u>

申　立　て　の　趣　旨
相手方らは，申立人に対し，特別寄与料として，それぞれ相当額を支払うとの調停を求めます。

申　立　て　の　理　由
申立人は，被相続人甲野太郎の長男甲野一郎の妻であり，相手方甲野二郎は二男，乙野春子は長女になります。
申立人は，甲野一郎と婚姻すると同時に，被相続人の希望もあったことから，甲野一郎とともに被相続人と同居を開始しました。甲野一郎は，平成26年に交通事故で死亡しました。
被相続人は，平成27年1月ころから，体調を崩し寝たきりの状態となり，家族による介護が必要となったため，申立人は，当時，パート勤務をしていた会社を退社し，平成27年2月から，被相続人が亡くなる令和元年9月1日までの間，無償で，被相続人の療養看護を行ってきました。
被相続人は，令和元年9月1日に死亡し，申立人は，同日，相続が開始したこと，相手方らが相続人であることを知りました。
そこで，申立人は，相手方らに対し，療養看護をしたことによる被相続人の財産の維持，増加に対する申立人の特別の寄与を主張し，特別寄与料として，それぞれ相当額を支払うよう相手方らに協議を申し入れましたが，相手方らは，これに応じないため，本申立をします。

別表第二，調停（　/　）

　家庭裁判所は，寄与の時期，方法及び程度，相続財産の額その他一切の事情を考慮して，特別寄与料の額を定め，当事者に対して，金銭の支払を命ずることができます。

　なお，相続人は，特別寄与料の額に各相続人の法定相続分・指定相続分を乗じた額を負担します。この場合，特別寄与料が100万円とする場合，被相続人の遺言がない場合には，相続人である長女と二男は，法定相続分2分の1を乗じた50万円ずつを長男の妻に支払う義務を負います。

　被相続人が遺言で長女の相続分を5分の2，二男の相続分を5分の3と指定している場合は，特別寄与料の支払義務は，長女が40万円，二男が60万円となります。

4 特別寄与の類型ごとの計算

(1) 療養看護型の特別寄与の場合

　この場合，寄与分（904の2）において，相続人が自ら被相続人に対する療養看護を行った場合と概ね同様の取扱いがされると考えられています。

　具体的には，「①報酬相当額×療養看護の日数×②裁量割合」と考えられています。

　①　報酬相当額については，従前は，看護師家政婦紹介所が看護師等を派遣する場合の標準料金表，社団法人日本臨床看護家政協会作成の看護補助者による看護料金一覧表が，介護保険によるサービス開始後は，主に介護報酬基準算定表等が参考にされています。

　　例えば，介護報酬基準額を目安とした場合，（平成30年介護報酬を参考に）

　　身体介護（排泄，食事介助，入浴等）

　　　20分以上30分未満　2,480円，30分以降1時間未満3,940円

　　　1時間　　　　　　　　5,750円，30分毎に830円加算

　　生活援助（掃除，洗濯，一般的な調理等）

　　　20分以降45分未満　1,810円，45分以上　　　　　　2,230円

②　裁量割合とは，看護料金一覧表や介護報酬基準等が看護師や介護の
　有資格者への報酬であり，また，介護機関に対して支払われる金額で
　あることから，介護者自身の報酬額とは異なります。また，本来，扶
　養義務を負う親族と第三者とでは当然に報酬額も変わってきます。こ
　れらの一定の要素を考慮した調整割合を裁量割合といい，通常，0.5
　から0.8程度の間が一般的であり，0.7あたりが平均的であるといわれ
　ています。

③　以上を前提に，計算してみます。

　　例えば，被相続人を長男の妻が，1年間，1日合計1時間程度介護
　していた場合は，

　　約6,000円（介護報酬標準額　身体介護を参考）×365日×1年間
　　×0.7（裁量割合）

　＝約140万円となります。

(2)　扶養型の特別寄与の場合

　法律上の扶養義務がないのに扶養を行ったか，扶養義務がある者がその
義務の範囲を著しく超えて扶養した場合です。

　この場合，被相続人の生活を維持するために親族が実際に負担した金額
（飲食費，被服費，医療費，住居費，公租公課等）を求め，これに裁量割
合を乗じて計算する方法が一般的です。

　このほか，厚生労働大臣の定める生活保護基準や総務省統計局による家
計調査を参考として被相続人の扶養に要する金額を算定する場合もありま

す。

(3) 財産管理型の特別寄与の場合

被相続人の財産を管理することにより財産の維持形成に寄与した場合です。

計算方法：例えば，被相続人の賃貸不動産管理により管理料の支払を免れた場合は次のようになります。

> 相当と思われる財産管理費用×裁量割合

(4) 家事従事型の特別寄与の場合

被相続人の事業に関して労務を提供する場合であり，農林漁業のほか，各種製造業，加工業，小売業，医師，公認会計士，税理士等に従事することにより寄与が認められる場合があります。

計算方法は次のようになります。

> ①寄与相続人が通常得られたであろう給付額
> ×（1－②生活費控除割合）
> ×寄与期間

① 寄与相続人が通常得られたであろう給付額について

家業と同種同規模の事業に従事する同年齢の者の年間給与額を基準に賃金センサスなどを参考にします。

② 生活費控除割合は，被相続人の家業収入から受けていた生活費相当額を控除します。

　＊介護報酬の金額については，「平成30年介護報酬サービス区分の金額」を参考にしています。

☑ **チェックポイント**

1．特別寄与料の請求権者

　　相続人ではないが，親族であることが必要です（160頁親族図参照）。

2．無償の労務提供であること

　　療養看護や家事従事等の労務提供が対象であり，労務提供の伴わない費用支出は対象外です。

3．被相続人の財産が維持されたこと

　　親族の労務提供により被相続人の財産が維持されたという関係が必要です。

4．権利行使の請求期間が短い点に注意

　　（本文163頁参照）

参 考 資 料

参考資料について

　収録している内容は裁判所ホームページ（http://www.courts. go.jp/）及び東京家庭裁判所ホームページ（http://www.courts.go.jp/ tokyo-f/）に掲載の情報を簡潔にまとめたものです。

　実際の手続きに当たっては，管轄の家庭裁判所ホームページ等で確認し，専門家に相談の上行われることをお勧めします。

1．遺産分割調停の申立て

　遺産分割調停の申立書等の書式を掲載しています。

〈概要〉

　被相続人が亡くなり，その遺産の分割について相続人の間で話合いがつかない場合には家庭裁判所の遺産分割の調停又は審判の手続を利用することができます。調停手続を利用する場合は，遺産分割調停事件として申し立てます。この調停は，相続人のうちの１人もしくは何人かが他の相続人全員を相手方として申し立てることになります。

　調停手続では，当事者双方から事情を聴いたり，必要に応じて資料等を提出してもらったり，遺産について鑑定を行うなどして事情をよく把握したうえで，各当事者がそれぞれどのような分割方法を希望しているか意向を聴取し，解決案を提示したり，解決のために必要な助言をし，合意を目指し話合いが進められます。

　話合いがまとまらず調停が不成立になった場合には自動的に審判手続が開始され，裁判官が，遺産に属する物又は権利の種類及び性質その他一切の事情を考慮して，審判をすることになります。

○申立人

・共同相続人

・包括受遺者

・相続分譲受人

○申立先

　調停を申し立てる場合は，相手方のうちの1人の住所地を管轄する家庭裁判所となります。

　審判を申し立てる場合は，被相続人の最後の住所地を管轄する家庭裁判所となります。

　ただし，いずれの場合でも，当事者間で管轄の合意ができている場合は，その合意した家庭裁判所となります。

※申立に必要な費用や申立に必要な書類等の詳細については各家庭裁判所のホームページをご確認下さい。

○改正法と関連する申立書の記載事項について

　遺産分割の申立書1枚目の「申立の理由」の欄に「事前の遺産の一部分割」「事前の預貯金債権の行使」の欄が設けられています。前者は，遺産分割の調停を申し立てる前に，遺産の一部分割をしている場合には，「遺産目録」の右の「□分割済遺産目録」の欄にチェックを入れて，既に分割済みの遺産の内容を書き入れることになります。

　遺産の一部分割をする場合には，申立書1枚目の「申立の趣旨」の欄の「□被申立人の遺産のうち，別紙遺産目録記載の次の遺産の分割の□調停／□審判を求める」という箇所にチェックを入れた上で，分割したい遺産の内容について，別途作成した各遺産目録（土地，建物，現金，預貯金，

株式等分けて作成する。）のうちの該当する遺産の番号を記入することに
なります。

　後者の「事前の預貯金債権の行使」の欄について，相続開始時から遺産
分割の調停までの間に預貯金債権を行使したものがある場合には（例え
ば，葬儀代，施設や病院の支払等），その内訳と内容を記載します。

〈遺産分割調停の進め方〉

① 相続人の範囲

誰が相続人かを確認します。

（注）戸籍が事実と異なるなど相続人の範囲に問題がある場合には，人事訴訟等の手続きが必要です。

　　なお，相続人の中に認知症などで判断能力に問題がある方がいる場合には，成年後見等の手続きが必要です。

 合意

② 遺産の範囲

　原則として，被相続人が亡くなった時点で所有していて，現在も存在するものが，遺産分割の対象となる遺産であり，その範囲を確定します。

（注）遺言書や遺産分割協議書で分け方が決まっている財産は，遺産分割の対象になりません。誰かが遺産を隠したり，勝手に使ってしまったという場合には，遺産分割以外の手続きが必要になります。

 合意

③ 遺産の評価

　遺産分割の対象となる遺産のうち，不動産等の評価額を確認します。

合意できない →

鑑定が必要です。
鑑定費用は相続人の方にあらかじめ納めていただきます。

 合意

④ 各相続人の取得額

　②で確認し，③で評価した遺産について，法定相続分に基づいて各相続人の取得額が決まります。ただし，法律の条件を満たす特別受益や寄与分が認められる場合には，それらを考慮して各相続人の取得額を修正します。

 合意

⑤ 遺産の分割方法

　④の取得額に基づいて，各相続人に分割します。

　遺産の分割方法には，現物分割（その物を分けること），代償分割（物を分けるが，差額を金銭で調整すること），換価分割（売却して金銭を分配すること）などがあります。

 合意

調停成立

＊東京家庭裁判所 HP の資料を基に作成

この申立書の写しは，法律の定めにより，申立ての内容を知らせるため，相手方に送付されます。

受付印	遺産分割	☐ 調停	申立書
		☐ 審判	

（この欄に申立て1件あたり収入印紙1，200円分を貼ってください。）

（貼った印紙に押印しないでください。）

収入印紙	円
予納郵便切手	円

	家庭裁判所 御中 令和　　年　　月　　日	申　立　人 （又は法定代理人など） の 記 名 押 印	印

添付書類	（審理のために必要な場合は，追加書類の提出をお願いすることがあります。） ☐ 戸籍（除籍・改製原戸籍）謄本（全部事項証明書）　合計　　通 ☐ 住民票又は戸籍附票　合計　　通　　☐ 不動産登記事項証明書　合計　　通 ☐ 固定資産評価証明書　合計　　通　　☐ 預貯金通帳写し又は残高証明書　合計　　通 ☐ 有価証券写し　合計　　通	準 口 頭

当　事　者	別紙当事者目録記載のとおり		
被相続人	最後の住所	都道府県	
	フリガナ 氏　名		平成 令和　　年　　月　　日死亡

申　立　て　の　趣　旨

☐　被相続人の遺産の全部の分割の（☐ 調停 ／ ☐ 審判）を求める。

☐　被相続人の遺産のうち，別紙遺産目録記載の次の遺産の分割の（☐ 調停 ／ ☐ 審判）
　　を求める。※1
　　【土地】＿＿＿＿＿＿＿＿＿＿＿　【建物】＿＿＿＿＿＿＿＿＿＿＿＿＿
　　【現金，預・貯金，株式等】＿＿＿＿＿＿＿＿＿＿＿＿＿＿＿＿＿＿＿＿＿

申　立　て　の　理　由

遺産の種類及び内容	別紙遺産目録記載のとおり		
特　別　受　益　※2	☐　有　／	☐　無　／	☐不明
事前の遺産の一部分割　※3	☐　有　／	☐　無　／	☐不明
事前の預貯金債権の行使　※4	☐　有　／	☐　無　／	☐不明
申　立　て　の　動　機	☐　分割の方法が決まらない。 ☐　相続人の資格に争いがある。 ☐　遺産の範囲に争いがある。 ☐　その他（　　　　　　　　　　　　　　　　　　　）		

（注）　太枠の中だけ記入してください。☐の部分は該当するものにチェックしてください。
　※1　一部の分割を求める場合は，分割の対象とする各遺産目録記載の遺産の番号を記入してください。
　※2　被相続人から生前に贈与を受けている等特別な利益を受けている者の有無を選択してください。「有」を選択した場合には，遺産目録のほかに，特別受益目録を作成の上，別紙として添付してください。
　※3　この申立てまでにした被相続人の遺産の一部の分割の有無を選択してください。「有」を選択した場合には，遺産目録のほかに，分割済遺産目録を作成の上，別紙として添付してください。
　※4　相続開始時からこの申立てまでに各共同相続人が民法909条の2に基づいて単独でした預貯金債権の行使の有無を選択してください。「有」を選択した場合には，遺産目録【現金，預・貯金，株式等】に記載されている当該預貯金債権の欄の備考欄に権利行使の内容を記入してください。

遺産(1/　　)

この申立書の写しは，法律の定めにより，申立ての内容を知らせるため，相手方に送付されます。

当 事 者 目 録

□申立人 □相手方	住　所	〒　　　－	（　　　　　　　方）
	フリガナ 氏　名		大正 昭和 平成 令和　　年　月　日生 （　　　　歳）
	被相続人 との続柄		
□申立人 □相手方	住　所	〒　　　－	（　　　　　　　方）
	フリガナ 氏　名		大正 昭和 平成 令和　　年　月　日生 （　　　　歳）
	被相続人 との続柄		
□申立人 □相手方	住　所	〒　　　－	（　　　　　　　方）
	フリガナ 氏　名		大正 昭和 平成 令和　　年　月　日生 （　　　　歳）
	被相続人 との続柄		
□申立人 □相手方	住　所	〒　　　－	（　　　　　　　方）
	フリガナ 氏　名		大正 昭和 平成 令和　　年　月　日生 （　　　　歳）
	被相続人 との続柄		
□申立人 □相手方	住　所	〒　　　－	（　　　　　　　方）
	フリガナ 氏　名		大正 昭和 平成 令和　　年　月　日生 （　　　　歳）
	被相続人 との続柄		

（注）□の部分は該当するものにチェックしてください。

遺産（　　／　　）

182

この申立書の写しは，法律の定めにより，申立ての内容を知らせるため，相手方に送付されます。

遺　産　目　録　（□特別受益目録，□分割済遺産目録）

【土　地】

番号	所　　在	地　番	地目	地　積	備　考
		番		平方メートル	

(注) この目録を特別受益目録又は分割済遺産目録として使用する場合には，（□特別受益目録又は□分割済遺産目録）の□の部
分をチェックしてください。また，備考欄には，特別受益目録として使用する場合は被相続人から生前に贈与を受けた相続
人の氏名，分割済遺産目録として使用する場合は遺産を取得した相続人の氏名を記載してください。

遺産（　／　）

この申立書の写しは，法律の定めにより，申立ての内容を知らせるため，相手方に送付されます。

遺 産 目 録（□特別受益目録，□分割済遺産目録）

【建　物】

番号	所　　　　　在	家屋番号	種類	構　造	床 面 積	備　考
					平方メートル	

（注）この目録を特別受益目録又は分割済遺産目録として使用する場合には，（□特別受益目録又は□分割済遺産目録）の□の部分をチェックしてください。また，備考欄には，特別受益目録として使用する場合は被相続人から生前に贈与を受けた相続人の氏名，分割済遺産目録として使用する場合は遺産を取得した相続人の氏名を記載してください。

遺産（　／　）

184

遺 産 目 録 （□特別受益目録，□分割済遺産目録）

【現金，預・貯金，株式等】

番号	品　　　目	単 位	数 量 （金 額）	備　　考

(注) この目録を特別受益目録又は分割済産目録として使用する場合には，（□特別受益目録又は□分割済遺産目録）の□の部分をチェックしてください。また，備考欄には，特別受益目録として使用する場合は被相続人から生前に贈与を受けた相続人の氏名，分割済遺産目録として使用する場合は遺産を取得した相続人の氏名を記載してください。

遺産（　/　）

令和　　年（家イ）第　　　　号

事情説明書（遺産分割）

<small>ふりがな</small>
　　　　　令和　　年　　月　　日　　申立人 ＿＿＿＿＿＿＿＿＿＿　　印

　この書類は，申立ての内容に関する事項を記載していただくものです。あてはまる事項にチェックを付け（複数可），必要事項を記入の上，申立書とともに提出してください。

　なお，調停手続では，この書類は相手方には送付しませんが，相手方から申請があれば，閲覧やコピーが許可されることがあります。

　（代理人弁護士の方へ）本書面は，申立人本人作成，代理人作成のいずれでもかまいません。申立書と重複した内容があっても，お手数ですが記載してください。

第１　　遺産分割の前提となる問題についてお聞きします。	
1【遺言書】 被相続人の遺言書はありましたか？	□　遺言書はなかった。 □　公正証書による遺言書があった。 □　自筆証書による遺言書があった。　⇒下記　※へ □　分からない。 ※　裁判所による遺言書の検認は受けましたか？ 　□　検認を受けた。 　　（　　　　家庭裁判所　　　支部　平成・令和　　年（家）第　　　　号） 　□　まだ検認を受けていない。 　□　分からない。
2【遺産分割協議】 相続人間で遺産分割について話し合いましたか？	□　遺産分割の話合いがまとまった。　⇒下記　※へ □　遺産分割を話し合ったがまとまらなかった。 □　遺産分割について話し合っていない。 ※　遺産分割協議書を作りましたか？ 　□　はい　　　□　いいえ
3【事前の遺産の一部分割】 この申立てまでに，被相続人の遺産の一部のみを対象にして，分割をしたことがありますか？	□　はい。　⇒下記　※へ □　いいえ。 ※　分割の際にどのような書面を作りましたか？ □　裁判所の審判書又は調停調書（事件番号　　　家庭裁判所　　　支部 　平成・令和　　年（家　　）第　　　　号） □　遺産分割協議書 □　その他（　　　　　　　　　　　　　　　　　　　　　　　　　　　）
4【事前の預貯金債権の行使】 この申立てまでに，民法９０９条の２に基づいて預貯金債権を単独で行使した相続人はいますか？	□　はい。　⇒下記　※へ □　いいえ。 □　分からない。 ※　権利行使の内容が分かる文書がありますか？ □　はい。（□金融機関発行の証明書等　□その他（　　　　　　　　　）） □　いいえ。
5【相続人の範囲】 誰が相続人なのか明らかですか？	□　明らかである（申立書の当事者目録のとおりである。）。 □　明らかでない。 　（その人の氏名　　　　　　　　　　　　　　　　　　　） 　（被相続人との続柄　　　　　　　　　　　　　　　　　） 　（明らかでない理由　　　　　　　　　　　　　　　　　）

6【相続人の判断能力】 　相続人の中に，認知症や精神障害などがあって，ご自身で物事を判断することが困難な方はいますか？	☐　いない。 ☐　いる。　　（相続人名　　　　　　　　　　　　）⇒下記 ※へ ☐　分からない。 ※　家庭裁判所で後見人等を選任しましたか？ 　　☐　選任した。 　　（　　　　家庭裁判所　　　支部　平成・令和　　年（家）第　　　　号） 　　☐　選任していない。
7【相続人の行方不明】 　相続人の中に，行方不明の方はいますか？	☐　いない。 ☐　いる。（相続人名　　　　　　　　　　　　　）⇒下記 ※へ ※　家庭裁判所で不在者財産管理人を選任しましたか？ 　　☐　選任した。 　　（　　　　家庭裁判所　　　支部　平成・令和　　年（家）第　　　　号） 　　☐　選任していない。
8【遺産の範囲】 　遺産かどうかはっきりしないものがありますか？	☐　遺産目録のとおりである。 ☐　概ね遺産目録のとおりだが，他に遺産かもしれないものがある。 　　　それは，次のものです。 　　[　　　　　　　　　　　　　　　　　　　　　　　　　　　　　]

遺言書，遺産分割協議書，一部分割の審判書，一部分割の調停調書又は預貯金債権の単独行使の内容が分かる金融機関発行の証明書等をお持ちの方は，第1回期日の1週間前までに，その写しを家庭裁判所に提出してください。

第2　被相続人についてお聞きします。	
1　被相続人の死亡原因と死亡までの状態（入院していたとか寝たきりであったなど）をお書きください。	死亡原因　　　（　　　　　　　　　　　　　　　　） 　　　年　．月まで　（　　　　　　　　　　　　　　　　） 　　　年　　月まで　（　　　　　　　　　　　　　　　　） ☐　分からない。
2　被相続人と同居していた相続人はいますか？	☐　いない。 ☐　いる。（その相続人の名前　　　　　期間　　　年　　か月） ☐　分からない。
3　被相続人の身の回りの面倒をみていた相続人はいますか？	☐　いない。 ☐　いる。（その相続人の名前　　　　　期間　　　年　　か月） ☐　分からない。
4　被相続人はどのように生計を立てていましたか？	☐　自己の収入で生計を立てていた。 ☐　相続人（　　　　　　　　　　　　）が扶養していた。 ☐　その他（　　　　　　　　　　　　　　　　　　　　） ☐　分からない。
5　被相続人の生前，同人から不動産や多額の金銭の贈与を受けた相続人はいますか？	☐　いない。 ☐　いる。（その相続人の名前　　　　　内容　　　　　　　） ☐　分からない。
6　被相続人に債務がありますか？	☐　ない。 ☐　ある。（内容　　　　　　　　　残債務額　　　　　　　） ☐　分からない。

第3　今回の申立てについてお聞きします。	
1　調停・審判を申し立てるまでのいきさつを教えてください。（該当するもの全てにチェックしてください。）	☐　遺産分割の話し合いをした。　⇒下記 ※へ ☐　遺産分割の話し合いをしなかった。 　（理由　　　　　　　　　　　　　　　　　　　　　　　　　） ※　なぜ話し合いがまとまらなかったと思いますか？　　＊複数回答可 　☐　【遺言書の有効性】を巡って争いになってしまったから。 　☐　【遺産分割協議書の有効性】を巡って争いになってしまったから。 　☐　【相続人の範囲】を巡って争いになってしまったから。 　☐　【遺産の範囲】を巡って争いになってしまったから。 　☐　感情的に対立してしまい，話にならなかったから。 　☐　話合いに応じなかったり，避けたりしている相続人がいるから。 　☐　被相続人の債務や税金・葬儀費用等の分担を巡って争いになってしまったから。 　☐　使途不明金など過去の管理状況を巡って争いになってしまったから。 　☐　遺産を独占しようとしたり，法定相続分を超える遺産を取得しようとしたりする相続人がいたから。 　☐　代償金をいくら払うかで揉めたから。 　☐　誰が何を取得するかで揉めたから。 　☐　その他（　　　　　　　　　　　　　　　　　　　　　　　） 　☐　分からない。
2　主に争いがあるのは，どの相続人（もしくはグループ）の間ですか？	☐　分からない。 ☐　（　　　　　　　　）対（　　　　　　　　）対（　　　　　　　　）
3【この欄は，申立ての趣旨が一部分割申立ての場合に記入してください。】 遺産の一部の分割を求める理由をお書きください。	【理由】

第4　分割方法についてお聞きします。	
あなたの希望する分割方法についてお書きください。	☐　現物の取得を希望する。（遺産目録の番号をお書きください。） 【土地】番号　　　　　【建物】番号　　　　　【　　　】番号 　取得を希望する理由： ☐　金銭で欲しい。 ☐　まだ決めていない。

令和　　年（家イ）第　　号

進行に関する照会回答書（遺産分割：申立人用）

> この書類は，調停を進めるための参考にするものです。あてはまる事項にチェックをつけ（複数可），必要事項を記入の上，申立書とともに提出してください。
> なお，この書類は，閲覧・謄写の対象とはしない取扱いになっています。

1　この申立てをすることを相続人に伝えていますか。	☐　伝えた。 ☐　伝えていない。 　☐　すぐ知らせる。　　☐　自分からは知らせるつもりはない。　　☐　自分からは知らせにくい。
2　相続人の中に，裁判所に出頭しないと思われる方はいますか。	☐　いない。 ☐　いる。（相続人名_____） ※「（出頭しないと思われる方が）いる。」という方にお聞きします。それはなぜですか。 　☐　話合いを拒否しているから。 　☐　遠方に住んでいるから。 　☐　健康上の問題があるから。 　☐　相続分を放棄したいと希望しているから。 　☐　その他（　　　　　　　　　　　　　　　） ☐　分からない。
3　相続人の中に代理人弁護士が就いている方はいますか。	☐　いない。 ☐　いる。（相続人名_____　弁護士名_____　電話_____） ☐　分からない。
4　相続人の中に，裁判所で暴力を振るうおそれがある方はいますか。	☐　いない。 ☐　いる。（相続人名_____） ※「（暴力を振るうおそれがある方が）いる。」という方にお聞きします。裁判所の調停時に予測されることはありますか。 　☐裁判所では暴力をふるう心配はない。　　☐相続人と同席しなければ暴力をふるうおそれはない。 　　　　　　　　　　　　　　　　　　　　　（相続人名_____） 　☐暴力をふるう心配がある。　　☐裁判所への行き帰りの際に暴力をふるうおそれがある。 　☐刃物を持ち込むおそれがある。　　☐薬物，アルコール類を摂取してくるおそれがある。 ☐　分からない。
5　調停期日の差し支える曜日等があれば書いてください。 ※　調停は右のとおり平日の午前または午後に行われます。	高　松：月・火・木　　｜　申立人の差し支える曜日：　　曜日　　　午前・午後 丸　亀：火・金　　　　｜　（すでに差し支えることがわかっている日→　　　　　） 観音寺：月・木　　　　｜　理由： 土　庄：火（第2・第4）｜　相手方の差し支える曜日：　　曜日　　　午前・午後 　　　　　　　　　　　　｜　（※わからなければ記載しなくてもかまいません。）
6　調停期日の終了時に，双方立会いのもと進行等の確認をすることについて	※双方立会いを含む調停の進め方の詳細については，「調停を申し立てる方へ」の「5　当事者双方の立会について」の項をご覧ください。 ☐　差し支えない。 ☐　差し支える。（理由：　　　　　　　　　　　　　　　　　　　　　）
7　裁判所に配慮を求めることがあれば記入してください。	（例：耳が聞こえづらい。車椅子で行きます。）

令和　　年　　月　　日　　申立人_____　㊞

　　　　　　□（家イ）
令和　　年　　　　第　　　　　　号（期日通知等に書かれた事件番号を書いてください。）
　　　　　　□（家）

連 絡 先 等 の 届 出 書（□　変更届出書）

＊　連絡先等の変更の場合には上記□にチェックを入れて提出してください。

1　送付場所

　　標記の事件について，書類は次の場所に送付してください。

　□　申立書記載の住所のとおり

　□　下記の場所

　　　場所：＿＿＿＿＿＿＿＿＿＿＿＿＿＿＿＿＿　（〒　　　　　）

　　　場所と本人との関係：□住所　□就業場所（勤務先）

　　　　　　　　　　　　　□その他　＿＿＿＿＿＿＿＿＿＿＿＿＿＿

　□　委任状記載の弁護士事務所の住所のとおり

2　平日昼間の連絡先

　　　┌　携帯電話番号：＿＿＿＿＿＿＿＿＿＿＿＿
　　　│
　　　└　固定電話番号（□自宅／□勤務先）：＿＿＿＿＿＿＿＿＿＿＿＿
　↓
　□　どちらに連絡があってもよい。

　□　できる限り，□携帯電話／□固定電話への連絡を希望する。

　□　委任状記載の弁護士事務所の固定電話への連絡を希望する。

＊　1，2について非開示を希望する場合には，非開示の希望に関する申出書を作成して，その申出書の下に本書面をステープラー（ホチキスなど）などで付けて一体として提出してください。

＊　連絡先等について非開示を希望する場合には，原則として，開示により当事者や第三者の私生活・業務の平穏を害するおそれがあると解し，開示することはしない取り扱いになっておりますので，その他の理由がなければ，非開示の希望に関する申出書の第2項（非開示希望の理由）に記載する必要はありません。

　　　令和　　年　　月　　日

　　　□申立人／□相手方／□同手続代理人　氏名：＿＿＿＿＿＿＿＿＿＿＿＿　印

２．遺留分の見直し

⑴　遺留分減殺による物件返還請求調停（令和元年７月１日より前に開始された相続に限る）

※遺留分減殺請求をする場合の調停申立書の書式です。

　この書式は改正法施行日（令和元年７月１日）より前に開始した相続のみが対象です。

〈概要〉

　遺留分減殺による物件返還請求について当事者間で話合いがつかない場合や話合いができない場合には，遺留分権利者は家庭裁判所の調停手続を利用することができます。調停手続では，当事者双方から事情を聴いたり，必要に応じて資料等を提出してもらったり，遺産について鑑定を行うなどして事情をよく把握したうえで，当事者双方の意向を聴取し，解決案を提示したり，解決のために必要な助言をし，話合いを進めていきます。

○申立期間

　遺留分減殺請求は，相続開始及び減殺すべき贈与又は遺贈のあったことを知ったときから１年又は相続開始のときから10年以内に相手方に意思表示をする必要があります。そのためこの期間を経過したときは，請求することができなくなります。

○申立人

　遺留分権利者（直系卑属，直系尊属及び配偶者）

　遺留分権利者の承継人（遺留分権利者の相続人，相続分譲受人）

○相手方　被相続人から贈与や遺贈を受けた者

○申立先

　調停申立の場合，相手方の住所地を管轄する家庭裁判所

　ただし，当事者間で管轄の合意がある場合は，その合意された家庭裁判所となります。

※申立に必要な費用や申立に必要な書類等の詳細については各家庭裁判所のホームページをご確認下さい。

この申立書の写しは，法律の定めにより，申立ての内容を知らせるため，相手方に送付されます。
この申立書とともに相手方人数分のコピーを提出してください。

受付印	□　調停
	家事　　　　　申立書　事件名　（　遺留分減殺請求　）
	□　審判

	（この欄に申立て1件あたり収入印紙1，200円分を貼ってください。）
収入印紙　　　　　　円	
予納郵便切手　　　　円	（貼った印紙に押印しないでください。）

家庭裁判所	申　立　人		
御中	（又は法定代理人など）		印
令和　　年　　月　　日	の記名押印		

| 添付書類 | （審理のために必要な場合は，追加書類の提出をお願いすることがあります。） | 準　口頭 |

申立人	本　籍（国籍）	（戸籍の添付が必要とされていない申立ての場合は，記入する必要はありません。）　　　都　道　府　県	
	住　所	〒　　　－	（　　　　　　　　方）
	フリガナ氏　　　名		昭和平成令和　　年　　月　　日生（　　　　　　歳）
相手方	本　籍（国籍）	（戸籍の添付が必要とされていない申立ての場合は，記入する必要はありません。）　　　都　道　府　県	
	住　所	〒　　　－	（　　　　　　　　方）
	フリガナ氏　　　名		昭和平成令和　　年　　月　　日生（　　　　　　歳）

（注）太枠の中だけ記入してください。

別表第二，調停（　／　）

この申立書の写しは，法律の定めにより，申立ての内容を知らせるため，相手方に送付されます。

この申立書とともに相手方人数分のコピーを提出してください。

※	本　籍	（戸籍の添付が必要とされていない申立ての場合は，記入する必要はありません。） 　　　　都　道 　　　　府　県	
	住　所	〒　　　－	（　　　　　　　方）
	フリガナ 氏　名		昭和 平成　　年　月　日生 令和 （　　　　　　　歳）
※	本　籍	（戸籍の添付が必要とされていない申立ての場合は，記入する必要はありません。） 　　　　都　道 　　　　府　県	
	住　所	〒　　　－	（　　　　　　　方）
	フリガナ 氏　名		昭和 平成　　年　月　日生 令和 （　　　　　　　歳）
※	本　籍	（戸籍の添付が必要とされていない申立ての場合は，記入する必要はありません。） 　　　　都　道 　　　　府　県	
	住　所	〒　　　－	（　　　　　　　方）
	フリガナ 氏　名		昭和 平成　　年　月　日生 令和 （　　　　　　　歳）
※	本　籍	（戸籍の添付が必要とされていない申立ての場合は，記入する必要はありません。） 　　　　都　道 　　　　府　県	
	住　所	〒　　　－	（　　　　　　　方）
	フリガナ 氏　名		昭和 平成　　年　月　日生 令和 （　　　　　　　歳）

（注）　　太枠の中だけ記入してください。※の部分は，申立人，相手方，法定代理人，不在者，共同相続人，被相続人等の区別を記入してください。

別表第二，調停(　/　)

194

この申立書の写しは，法律の定めにより，申立ての内容を知らせるため，相手方に送付されます。
この申立書とともに相手方人数分のコピーを提出してください。

申 立 て の 趣 旨

申 立 て の 理 由

遺 産 目 録

【土　地】

番号	所　　　　在	地　番	地　目	地　積	備　考
		番		平方メートル	

遺産(　/　)

遺 産 目 録

【建　物】

番号	所　　　　　在	家屋番号	種　類	構　　造	床 面 積	備　考
					平方メートル	

遺産(　/　)

遺　産　目　録

【現金，預・貯金，株式等】

番号	品　　目	単　位	数　量（金　額）	備　　考

遺産(　/　)

⑵　遺留分侵害額の請求調停（令和元年7月1日以降に開始した相続に限る）

※遺留分侵害額の請求（第5章・141ページ）をする場合の調停申立書の書式です。

施行日（令和元年7月1日）以降に開始した相続が対象であり，施行日より前に開始した相続については，この申立はできず，2⑴の遺留分減殺による物件返還請求の調停を申し立てることになります。

〈概要〉

遺留分侵害額の請求について当事者間で話合いがつかない場合や話合いができない場合には，家庭裁判所の調停手続を利用することができます。

調停手続では，当事者双方から事情を聴いたり，必要に応じて資料等を提出してもらったりするなどして事情をよく把握したうえで，解決案を提示したり，解決のために必要な助言をしたりして，話合いを進めていきます。調停で話し合いがまとまらず，調停が不成立となった場合は，地方裁判所又は簡易裁判所に民事訴訟を提起し，判決による解決となります。

○申立期間

この遺留分に関する権利を行使する旨の意思表示をしないときは，遺留分侵害額請求権は，相続の開始及び遺留分を侵害する贈与又は遺贈があったことを知った時から1年又は相続開始の時から10年を経過したときに時効によって消滅し，調停申立もできなくなります。

○申立人

遺留分を侵害された遺留分権利者（被相続人の直系卑属，直系尊属，配偶者）

遺留分を侵害された者の承継人（相続人，相続分譲受人）

○相手方　贈与や遺贈を受けた者

○申立先

　調停申立による場合は，相手方の住所地を管轄する家庭裁判所

　ただし，当事者間で管轄の合意がある場合は，その合意された家庭裁判所となります。

※申立に必要な費用や申立に必要な書類等の詳細については各家庭裁判所のホームページをご確認下さい。

この申立書の写しは，法律の定めにより，申立ての内容を知らせるため，相手方に送付されます。
この申立書とともに相手方人数分のコピーを提出してください。

受付印		
	☐ 調停 家事　　　　　申立書　事件名（ 遺留分侵害額の請求 ） ☐ 審判	
	（この欄に申立て1件あたり収入印紙1，200円分を貼ってください。）	
収入印紙　　　　　円		
予納郵便切手　　　円	（貼った印紙に押印しないでください。）	

家庭裁判所 御中 令和　　年　　月　　日	申 立 人 （又は法定代理人など） の 記 名 押 印	印

添付書類	（審理のために必要な場合は，追加書類の提出をお願いすることがあります。）	準 ☐ 口 頭

申 立 人	本　籍 （国　籍）	（戸籍の添付が必要とされていない申立ての場合は，記入する必要はありません。） 　　　都　道 　　　府　県	
	住　所	〒　　　－ 　　　　　　　　　　　　　　　　　　（　　　　　　方）	
	フリガナ 氏　名		昭和 平成　　年　月　日生 令和 （　　　　　歳）
相 手 方	本　籍 （国　籍）	（戸籍の添付が必要とされていない申立ての場合は，記入する必要はありません。） 　　　都　道 　　　府　県	
	住　所	〒　　　－ 　　　　　　　　　　　　　　　　　　（　　　　　　方）	
	フリガナ 氏　名		昭和 平成　　年　月　日生 令和 （　　　　　歳）

（注）太枠の中だけ記入してください。

別表第二，調停（　/　）

この申立書の写しは，法律の定めにより，申立ての内容を知らせるため，相手方に送付されます。
この申立書とともに相手方人数分のコピーを提出してください。

※	本　籍	（戸籍の添付が必要とされていない申立ての場合は，記入する必要はありません。） 　　　　都　道 　　　　府　県		
	住　所	〒　　　－		（　　　　　　　　方）
	フリガナ 氏　名		昭和 平成　　年　月　日生 令和 （　　　　　　　　歳）	
※	本　籍	（戸籍の添付が必要とされていない申立ての場合は，記入する必要はありません。） 　　　　都　道 　　　　府　県		
	住　所	〒　　　－		（　　　　　　　　方）
	フリガナ 氏　名		昭和 平成　　年　月　日生 令和 （　　　　　　　　歳）	
※	本　籍	（戸籍の添付が必要とされていない申立ての場合は，記入する必要はありません。） 　　　　都　道 　　　　府　県		
	住　所	〒　　　－		（　　　　　　　　方）
	フリガナ 氏　名		昭和 平成　　年　月　日生 令和 （　　　　　　　　歳）	
※	本　籍	（戸籍の添付が必要とされていない申立ての場合は，記入する必要はありません。） 　　　　都　道 　　　　府　県		
	住　所	〒　　　－		（　　　　　　　　方）
	フリガナ 氏　名		昭和 平成　　年　月　日生 令和 （　　　　　　　　歳）	

（注）　　太枠の中だけ記入してください。※の部分は，申立人，相手方，法定代理人，不在者，共同相続人，
　　　被相続人等の区別を記入してください。

別表第二，調停（　／　）

202

この申立書の写しは，法律の定めにより，申立ての内容を知らせるため，相手方に送付されます。
この申立書とともに相手方人数分のコピーを提出してください。

申　立　て　の　趣　旨

申　立　て　の　理　由

遺 産 目 録

【土　　地】

番号	所　　　　　在	地　番	地　目	地　積	備　考
		番		平方メートル	

遺産(　　/　　)

204

遺 産 目 録

【建　物】

番号	所　　　在	家屋番号	種類	構　造	床 面 積	備　考
					平方メートル	

遺　産　目　録

【現金，預・貯金，株式等】

番号	品　　　　目	単　位	数　量　（金　額)	備　　　考

遺産(　／　)

3．特別の寄与に関する処分調停

　特別寄与料（第7章・166ページ）の支払を請求する場合の調停申立書の書式です。

　施行日（令和元年7月1日）以降に開始した相続が対象です。施行日より前に開始した相続については，この申立はできません。

〈概要〉

　この特別寄与料の支払について，当事者間に協議が調わないとき又は協議をすることができないときには，家庭裁判所の調停又は審判の手続を利用することができます。

　調停手続を利用する場合は，特別の寄与に関する処分調停事件として申し立てます。調停手続では，当事者双方から事情を聴いたり，必要に応じて資料等を提出してもらったりするなどして事情をよく把握したうえで，解決案を提示したり，解決のために必要な助言をしたりして，合意を目指した話合いが進められます。

　調停手続で話合いがまとまらず，調停が不成立となった場合には，審判手続が開始され，裁判官が，当事者双方から聴いた事情や提出された資料等一切の事情を考慮して審判をします。

○申立人

　被相続人に対して無償で療養看護その他の労務の提供をしたことにより被相続人の財産の維持又は増加について特別の寄与をした被相続人の親族（相続人，相続の放棄をした者，相続人の欠格事由（民法891条の規定）に該当する者及び廃除によってその相続権を失った者を除く。）

○相手方　被相続人の相続人

○申立期間

　申立ては，特別寄与者が相続の開始があったこと及び相続人を知った時から6か月を経過したとき，又は相続開始の時から1年を経過したときはすることができないとされています。

○申立先

　調停を申し立てる場合は相手方の住所地の家庭裁判所となります。

　審判を申し立てる場合は，被相続人の最後の住所地を管轄する家庭裁判所です。

　なお，いずれの場合も当事者間で管轄の合意がある場合は，その合意された家庭裁判所となります。

※申立に必要な費用や申立に必要な書類等の詳細については各家庭裁判所の
　ホームページをご確認下さい。

この申立書の写しは，法律の定めにより，申立ての内容を知らせるため，相手方に送付されます。
この申立書とともに相手方送付用のコピーを提出してください。

受付印	□ 調停
	家事　申立書 事件名（特別の寄与に関する処分）
	□ 審判

（この欄に申立て1件あたり収入印紙1，200円分を貼ってください。）

収入印紙	円
予納郵便切手	円

（貼った印紙に押印しないでください。）

家庭裁判所 御中	申　立　人（又は法定代理人など）の記名押印		印
令和　　年　　月　　日			

添付書類	（審理のために必要な場合は，追加書類の提出をお願いすることがあります。）	準口頭

申立人	本籍（国籍）	（記入する必要はありません。）　都道府県	
	住所	〒　　－	（　　　　方）
	フリガナ氏名		大正昭和平成令和　年　月　日生（　　歳）
相手方	本籍（国籍）	（記入する必要はありません。）　都道府県	
	住所	〒　　－	（　　　　方）
	フリガナ氏名		大正昭和平成令和　年　月　日生（　　歳）

（注）太枠の中だけ記入してください。

別表第二，調停（　／　）

この申立書の写しは，法律の定めにより，申立ての内容を知らせるため，相手方に送付されます。
この申立書とともに相手方送付用のコピーを提出してください。

※	本　籍	（記入する必要はありません。）　都　道　　府　県	
	住　所	〒　　　－	（　　　　　　方）
	フリガナ　氏　名		大正　昭和　　年　月　日生　平成　令和　（　　　歳）
※	本　籍	（記入する必要はありません。）　都　道　　府　県	
	住　所	〒　　　－	（　　　　　　方）
	フリガナ　氏　名		大正　昭和　　年　月　日生　平成　令和　（　　　歳）
※	本　籍	（記入する必要はありません。）　都　道　　府　県	
	住　所	〒　　　－	（　　　　　　方）
	フリガナ　氏　名		大正　昭和　　年　月　日生　平成　令和　（　　　歳）
※	本　籍	（記入する必要はありません。）　都　道　　府　県	
	住　所	〒　　　－	（　　　　　　方）
	フリガナ　氏　名		大正　昭和　　年　月　日生　平成　令和　（　　　歳）

（注）　　太枠の中だけ記入してください。※の部分は，申立人，相手方，法定代理人，不在者，共同相続人，
　　　被相続人等の区別を記入してください。

別表第二，調停（　／　）

この申立書の写しは，法律の定めにより，申立ての内容を知らせるため，相手方に送付されます。
この申立書とともに相手方送付用のコピーを提出してください。

申　立　て　の　趣　旨

申　立　て　の　理　由

《 著 者 紹 介 》

新 弘江 （しん ひろえ）

平成12年 弁護士登録
第一東京弁護士会所属　家事法制委員会所属委員

所属事務所　光樹法律会計事務所
〒100-0005
東京都千代田区丸の内2-5-2三菱ビル9階969区

　本書の内容に関するご質問は、ファクシミリ等、文書で編集部宛にお願い
いたします。（fax 03-6777-3483）
　なお、個別のご相談は受け付けておりません。

改正相続法のチェックポイント

| 令和2年6月10日 | 初版第一刷印刷 | （著者承認検印省略） |
| 令和2年6月20日 | 初版第一刷発行 | |

Ⓒ　著者　新　　弘　江

発行所　　税務研究会出版局
代表者　　山　根　　　毅
郵便番号100-0005
東京都千代田区丸の内 1 － 8 － 2
鉄鋼ビルディング
振替00160-3-76223
電話〔書 籍 編 集〕03(6777)3463
　　〔書 店 専 用〕03(6777)3466
　　〔書 籍 注 文〕03(6777)3450
　　〈お客さまサービスセンター〉

●　各事業所　電話番号一覧　●

北海道	011(221)8348	神奈川	045(263)2822	中　国	082(243)3720
東　北	022(222)3858	中　部	052(261)0381	九　州	092(721)0644
関　信	048(647)5544	関　西	06(6943)2251		

〈税研ホームページ〉https://www.zeiken.co.jp

乱丁・落丁の場合は，お取替えします。　　　印刷・製本　藤原印刷株式会社

ISBN978-4-7931-2502-7

〔第2版〕
国際相続の法務と税務

酒井 ひとみ・BDO税理士法人 共著／A5判／308頁　定価 **2,860** 円

国際相続事件を処理するための基本的な考え方や実務上のポイントを法務と税務の視点でわかりやすく解説。本版では、納税義務者の区分、国外財産調書及び財産債務調書、CRS、FATCA、国外転出時課税制度など国際相続に関連する改正等を織り込んだほか、近年相談が増えているエステートプランニングに関する事例を追加。　**2020年1月刊行**

〔改訂版〕
相続税 修正申告と更正の請求の実務

平川 忠雄 編　中島 孝一・西野 道之助・飯田 昭雄
小口 俊之・小山 武晴 共著／B5判／456頁　定価 **3,410** 円

申告相続税額につき、当初申告に過少申告や過大申告があった場合に対応する「修正申告」「更正の請求」について、具体的な実務手続を詳説。改訂版では、「財産の申告漏れ」「相続時精算課税適用財産の評価誤り」「財産評価のミス」「小規模宅地等の特例の否認」など、基礎控除引下げ後の事例を30のケース別に、申告書記載例を見ながら理解できるよう構成。　**2020年2月刊行**

配偶者居住権等を中心とした
改正された相続税実務

松本 好正 著／A5判／180頁　定価 **2,200** 円

民法（相続編）の改正に伴う相続税法の改正、特に「配偶者居住権」を中心に、配偶者居住権の評価の仕方、設定することによる税額の軽減効果、二次相続の関係、小規模宅地特例との関係などについて、44問のQ&Aで解説。これからの相続税実務に欠かせない内容となっています。　**2019年11月刊行**

〔四訂版〕
相続税・贈与税のポイントと実務対策

吉田 幸一・青木 惠一 共著／A5判／444頁　定価 **3,080** 円

相続・贈与に必要な民法の知識から相続税・贈与税の計算方法、税務対策までをポイントをつかめるよう体系的にまとめ、わかりやすく解説。四訂版では、個人版事業承継税制と、改正後の民法（相続関係）について加筆しています。　**2019年10月刊行**